RECICLADO
Los mejores trabajos de
Kena

Planeta

Diseño de portada e interiores: Marco Xolio/Phonacot

Fotografías de: Fabio Breso, Luis Díaz de León, Javier Melo, Enrique Noriega y Gerardo Pérez.

Labores de: Claudia Aguirre (pág. 34); Leticia Arreola (págs. 24, 48); Lupita Borbolla (pág. 65); Cristina D'Herrera (págs. 5, 26); Mónica Eisenring (pág. 85); El Nuevo Fénix (pág. 29); Bertha Fonseca (pág. 49); Leticia Incháustegui (págs. 61, 76, 96); Cristi Manero (pág. 18); Margarita Nieto (págs. 52, 56); Vanesa Pavón (págs. 60, 92); Estela Puente (págs. 20, 40, 44, 47, 87, 89); Gisela Ramírez (págs. 14, 16, 18, 22, 32); Ana Ramos (págs. 35, 37, 38, 42); Pilar Reverte (págs. 6, 8, 9, 10, 11, 12, 45, 51, 70, 90); Marisela Sosa (págs. 25, 62, 64, 94); Teje y Maneje Import (pág. 54); Brenda Zarzosa (pág. 73); Irma Zarzosa (págs. 78, 93).

Material de *Lo mejor de Kena*

Derechos reservados.
© 2001, Editorial Planeta Mexicana, S.A. de C.V.
Avenida Insurgentes Sur núm. 1162
Col. del Valle, 03100 México, D.F.

Primera edición: agosto del 2001
ISBN: 970-690-443-3

Preprensa Digital Reproscanner S.A. de C.V.
Castilla 13, Col. Álamos, México

Impreso en los talleres de Gráficas Monte Albán, S.A. de C.V.
Fraccionamiento Agro industrial La Cruz, 76240. El Marqués, Qro.
Impreso y hecho en México – *Printed and made in Mexico*

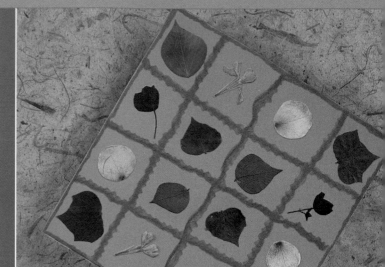

Índice

i

labores
infantiles

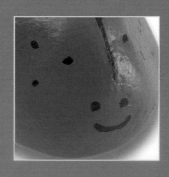

Máscaras con platos de cartón

Material:

- *platos desechables de colores o blancos*
- *pintura vinílica (opcional)*
- *estambres de colores o fleco de estambre*
- *confeti*
- *capacillos chicos*
- *pedacería de cartulina de colores*
- *carretes de hilo y centros de cinta adhesiva vacíos*
- *estrellitas autoadheribles*
- *pegamento blanco, transparente o silicón*
- *listones de colores*

1 Si sus platos son blancos, píntelos con la pintura vinílica y déjelos secar.

2 Marque el lugar de los ojos y haga los agujeros.

3 Pegue sobre cada plato los elementos que desee: confeti, una cómica nariz de bola de papel, ojos de capacillos

o bien de centro de cinta adhesiva vacío, con nariz de carrete pintado, boca de estambre y estrellitas alrededor de los ojos.

4 Pegue los flecos de estambre en la parte superior, para simular pelo.

5 Pegue los listones de colores a los lados para amarrarlas.

Cajas personalizadas

CON TREN

Material:

- 1 caja de cartón
- Papel América verde limón y amarillo
- cinta adhesiva
- recortes de fomi blanco, negro, azul rey y amarillo
- pegamento blanco
- plumón negro
- 1.15 m de encaje de bolillo blanco

1 Forre la caja con el papel América verde y la tapa con el amarillo.

2 Marque los patrones del tren en el fomi y recórtelos.

3 Péguelos a la tapa, formando la figura.

4 Pinte un pespunte con el plumón negro en las orillas del tren y de las nubes.

5 Pegue el encaje de bolillo por dentro de la caja, en las orillas del papel, para que al abrir la caja luzca bonita por dentro.

CON FLORES

1 Para esta caja, siga las mismas instrucciones de la caja de trenecito. Sustituya el papel América por un pliego de papel estampado y un pliego de papel azul liso. Necesita, además, recortes de fomi rosa, amarillo y verde para recortar las flores, según los patrones.

PATRÓN PARA LA CAJA CON TREN DE FOMI

PATRONES PARA LA CAJA CON FLORES

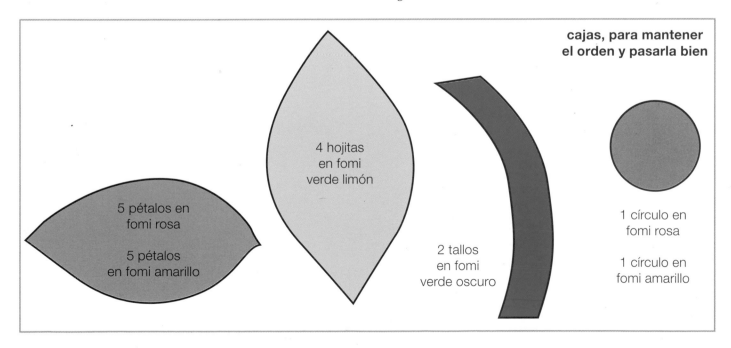

cajas, para mantener
el orden y pasarla bien

4 hojitas
en fomi
verde limón

5 pétalos en
fomi rosa

5 pétalos
en fomi amarillo

2 tallos
en fomi
verde oscuro

1 círculo en
fomi rosa

1 círculo en
fomi amarillo

Gorros de papel

Material:

- *hojas de papel liso, estampado, periódico, de estraza, América, etcétera*
- *pegamento blanco*
- *plumas de ave*
- *espiguilla*
- *cordón azul rey*
- *estoperoles transparentes*
- *recortes de fomi rosa, verde y amarillo*
- *listón*

1 Utilice una hoja de papel a su gusto de 22 cm por 28 cm, dóblela a la mitad horizontalmente y luego marque otro doblez a la mitad en forma vertical.

2 Doble las esquinas superiores hacia el centro y después

doble hacia arriba el frente y la parte de atrás de la base, como si se tratara de un barco de papel.

3 Adorne con plumas, espiguilla, cordón, estoperoles, flores de fomi, etcétera. Si desea amarrarlo, pegue el listón en las esquinas.

Para los niños, un gorro es suficiente para sentirse disfrazados y muy elegantes. Diviértanse haciendo éstos, con el material que aquí le presentamos, o con el que tenga en su casa, como pasta de sopa, cuentas de colores, lentejuelas, etcétera.

Rehiletes

Material:
- *papel liso o estampado*
- *1 moneda*
- *tachuelas*
- *palitos de madera*
- *listón* curling
- *pegamento transparente*

1 Corte un cuadrado de papel de 21.5 cm por lado. Ayúdese con lápiz y regla.

2 Dibuje dos líneas de esquina a esquina, formando una cruz.

3 Al centro, en donde se cruzan las dos líneas, dibuje un círculo, utilizando la moneda como plantilla.

4 Corte las líneas marcadas, sin pasar del círculo.

5 Doble las esquinas hacia el centro, alternándolas, e inserte en ellas una tachuela para formar así un rehilete y clavarlo en el palito de madera.

6 Adorne el centro de cada uno de los rehiletes con cuatro tramos de listón unidos por el centro y pegados sobre la tachuela.

El rehilete es un juguete tradicional y económico, y a los chicos siempre les fascina hacerlo girar al viento o con el aire de sus pulmones. La diversión comenzará desde que empiecen a elaborarlos.

Títeres de cartulina

Material:

- *cartulina*
- *plumones o colores*
- *mica o papel autoadherible*
- *50 cm de resorte de 1 cm de ancho*
- *mecate*
- *estambre*
- *ojitos movibles*
- *pompones miniatura rojos*
- *2 ojillos*
- *zapatitos de plástico*
- *pegamento transparente*

1 El procedimiento de elaboración es el mismo para todos estos títeres.

2 Copie sobre la cartulina los patrones de cada una de las figuras y coloréelas con plumones o colores.

3 Pegue a la parte posterior del dibujo la mica o el papel autoadherible. Recorte el contorno del dibujo.

4 Pegue sobre la mica un pedazo de resorte del tamaño necesario para poder introducir los dedos medio e índice.

5 Decore los títeres con pelo de mecate o estambre, ojitos movibles, pompones, etcétera. Use los ojillos para el gusano.

6 Coloque en los dedos los zapatitos y ¡a jugar!

7 Si no consigue zapatos de plástico, puede hacerlos muy fácilmente. Recorte dos círculos de tela, hilvane con hilo de resorte, anude y colóquelos en los dedos. Puede adornarlos a su gusto, con moños o flores de otras telas.

PATRONES PARA LOS TÍTERES

Niño

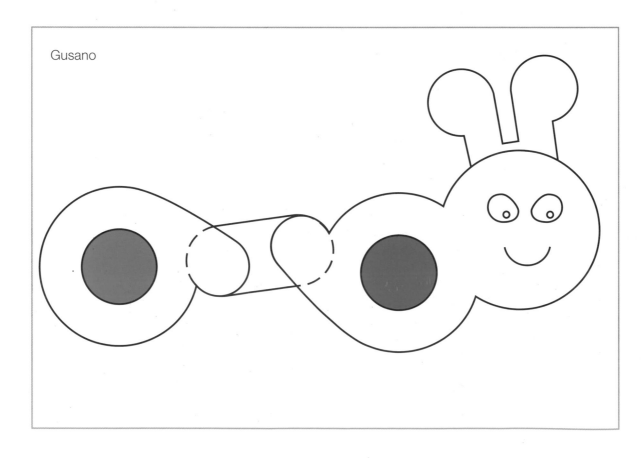

Gusano

Niña

Payaso

Avestruz

Felicitaciones para mamá

TARJETAS PINTADAS

Material:

- *1 pliego de papel amate color beige*
- *hojas de papel bond*
- *pintura acrílica de diferentes colores*
- *1 plumón negro*

1 Corte el papel amate en rectángulos de 17 x 28 cm y doble cada uno a la mitad.

2 Corte a la mitad las hojas de papel bond.

3 Vierta algunas gotas de pintura al centro del papel bond. Voltee el papel y colóquelo sobre el papel amate.

4 Haga un poco de presión para que se impregne la pintura. La textura del papel dará forma al decorado.

5 Retire y deseche el papel bond. Deje secar.

6 Con el plumón negro escriba un cariñoso mensaje.

Felicitaciones para papá

TARJETA CON GUSANITOS DE POMPONES

Material:

- *cartulina imitación piel*
- *pegamento transparente*
- *7 pompones medianos de color amarillo*
- *12 pompones medianos de color verde*
- *plumón negro*
- *2 pares de ojos movibles chicos*
- *3 ojos movibles medianos*
- *recortes de fomi rojo*
- *pintura textil verde*

1 Corte un rectángulo de cartulina de 17 x 28 cm y dóblelo a la mitad.

2 En la portada de la tarjeta, pegue en línea ondulada cinco pompones amarillos, deje cuatro centímetros hacia abajo y pegue de igual manera diez pompones verdes.

3 Con plumón negro, dibuje dos patitas debajo de cada pompón. Dibuje dos antenas arriba del primer pompón de cada color.

4 Pegue dos ojos chicos en el primer pompón amarillo y dos medianos en el verde.

5 Pinte con plumón y pintura textil verde líneas que indiquen movimiento. Escriba un mensaje cariñoso.

6 Dibuje el patrón para el sobre en la cartulina y recórtelo.

7 Doble las pestañas posteriores para cerrarlo y pegue la orilla de tres de ellas.

8 En la parte superior izquierda del frente del sobre, pegue un pompón amarillo, con dos ojos chicos.

9 Pegue dos pompones verdes al centro y en el primero pegue un ojo mediano. Haga una boca de fomi y péguela en su lugar.

10 Con plumón haga las patitas debajo de cada pompón, las antenas y una corona arriba del primer pompón verde.

11 Complemente, haciendo otras líneas punteadas con el plumón y la pintura textil verde.

PATRÓN PARA EL SOBRE

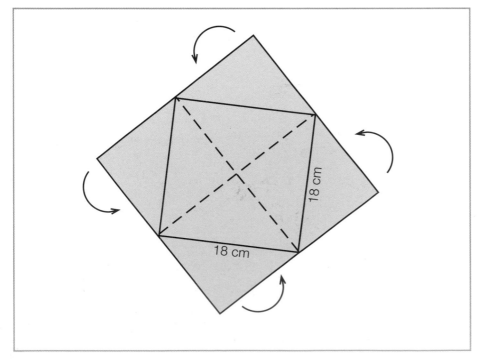

18 cm

18 cm

Lindas bolsitas con papel

BOLSITAS CON CARA

Material:

- *bolsas de papel de estraza*
- *hojas de papel de colores*
- *pegamento blanco y/o cinta adhesiva doble cara*
- *limpiapipas de colores*
- *plumones*
- *algodón*

1 Doble una tercera parte de cada bolsa por la parte superior y corte en redondo la punta doblada al frente.

Conejo: Recorte las orejas en dos colores de papel diferente. Con limpiapipas forme los bigotes. Corte en papel los ojos, la lengua, la nariz y los dientes.

Borrego: Cubra la bolsa con algodón. Con estambre azul, haga los ojos y con fieltro o tela roja, la boca. Haga la nariz y las orejas con papel del mismo color.

Águila: Con papel de color forme el cuerpo, los ojos y las alas. Con plumón pinte la cabeza y las patas.

Rana: Recorte la forma de la cara en papel verde y ponga dos círculos blancos como ojos. Dibuje el iris con plumón. Haga la boca con una tirita de limpiapipas.

Búho: Dibuje con plumón el contorno de los ojos del búho. Pegue el iris de papel blanco y negro, así como las alas y las patas en papel de color.

Tren con payasos

1 Aplique una mano de vinílica blanca a las latas, deje secar.

2 Pinte cada una con esmalte de color diferente, deje secar. Pegue dos botones a cada uno de los lados largos, simulando las llantas.

3 Forre la lata circular y los tubos de papel de baño con la tela y a estos últimos pégueles tres pompones amarillos al frente, en forma vertical.

4 Pegue las bolas de unisel grandes sobre los capacillos plateados. Pegue los ojitos movibles, un pompón rojo como nariz y forme la boca con una tirita de limpiapipas rojo.

5 Dibuje el patrón tres veces en la cartulina, recorte y con cada uno forme un cono para el sombrero. Péguele estrellitas plateadas y un pompón azul rey en la punta.

6 Rellene los tubos con dulces, coloque la cara de payaso encima y meta uno en cada lata.

7 Coloque acostada la lata circular ya forrada. Péguele cuatro botones como llantas. Pinte la tapa y el carrete de hilo con el esmalte de color amarillo, u otro al gusto. Deje secar.

8 Corte a la mitad la bola pequeña de unisel y píntela de rojo. Recorte un tramo de 5 cm de capacillo plateado, péguelo sobre la tapa de la lata y encima de él la bola roja (lo plateado debe sobresalir debajo de ésta). Coloque la tapa en la lata. Pegue encima de la lata el carrete de hilo pintado. Acomode las piezas de modo que parezca la máquina del tren tirando de los vagones.

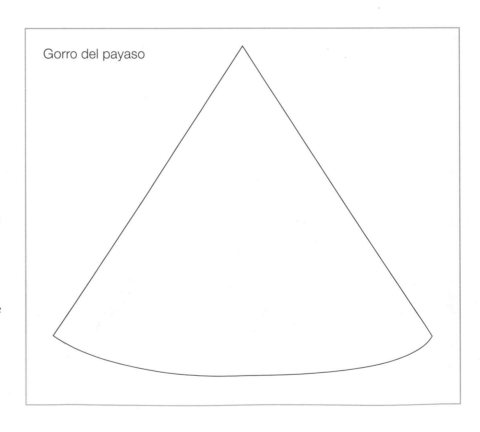

Gorro del payaso

Velas y botes para cumpleaños

Material:

- rollos de cartón, de los del papel de baño y de envases de avena, leche en polvo, cocoa, papas fritas, etcétera
- cartón delgado
- pegamento transparente
- 4 telas de algodón, cada una con diferente estampado
- retazos de diferentes encajes, tira bordada o guipiure
- fieltro en colores naranja y amarillo
- listón de popotillo, de 1.5 cm de ancho, color al gusto, con lunares blancos (puede comprarlo liso y hacer los lunares con pintura textil blanca)
- limpiapipas morados

1 Utilizando los rollos de cartón como patrón, dibuje en el cartoncillo el círculo de su base tantas veces como rollos vaya a decorar. Recórtelos. Pegue un rollo sobre cada círculo.

2 En periódico dibuje un patrón que cubra la superficie de los rollos de cartón y de cada tipo de envase, añada 1 cm extra en el patrón de los rollos y de 3 a 5 cm en los de los otros envases, proporcionalmente a su tamaño, en cada uno de los extremos, superior e inferior. Corte el patrón en las diferentes telas y forre los envases. Pegue las orillas al iniciar y terminar. Deje libre el sobrante de tela.

3 Pegue el sobrante inferior sobre la base. El de arriba dóblelo hacia el interior. Rellene con dulces. Pegue guipiure o encaje alrededor de la orilla inferior. Corte tramos de 25 cm de listón. Haga un moño para cada envase y péguelo en la orilla superior.

4 Si es necesario pintar los lunares del listón, primero haga el moño y después decórelo y deje secar perfectamente.

PATRÓN PARA
LAS LLAMAS

5 Con los patrones, recorte en fieltro amarillo la llama grande y en fieltro naranja la llama chica. Corte en tres cada limpiapipas. Pegue la llama pequeña sobre la grande, con el extremo de uno de los tramos de limpiapipas entre ambas. Enrolle a un lápiz el resto del limpiapipas para dar forma espiral y métalo al centro de cada uno de los envases.

6 Una linda idea de decoración es colocar al centro de la mesa un grupo de dulceros de rollo como si fuera un pastel con muchas velas.

Cajoneras con cajas de cerillos

Material:

- *pegamento transparente*
- *3 cajas de cerillos vacías*
- *fieltro*
- *recortes de fomi de diferentes colores*
- *broches de papel*
- *botones de diversos tamaños y colores*

1 Pegue las cajas una encima de otra y cuando hayan secado, forre con fieltro.

2 Haga pequeñas figuras con el fomi, como flores, mariposas, corazones, etcétera, y péguelas a las cajas, para decorarlas.

3 Encaje un broche con patitas en cada cajón, para que sirva como jaladera. También puede pegar botones.

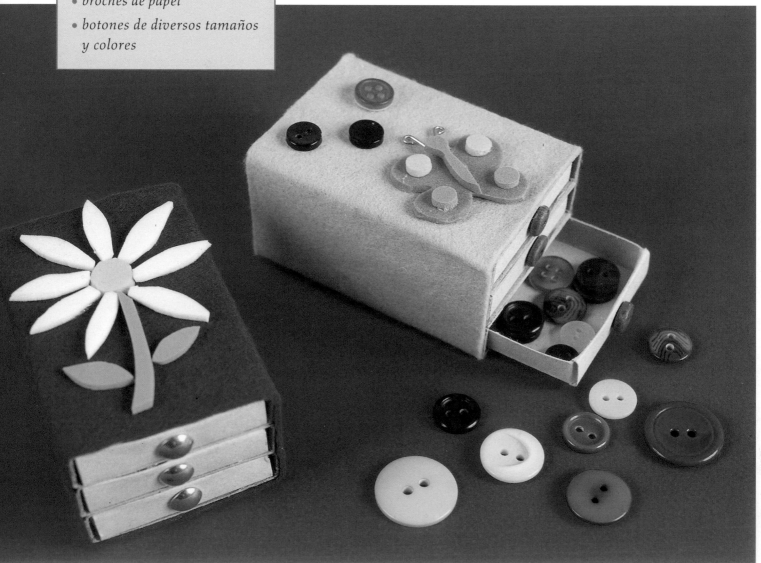

Bolsas para niña

BOLSA AZUL

Material:

- 1 botella desechable de un galón de agua o jugo, con base cuadrada
- plumón permanente
- aguja de canevá
- 30 cm de tela con estampado azul y alegres motivos
- 1.50 m de listón azul claro, de 1 cm de ancho
- 9 botones verde menta, de 1.5 cm de diámetro

1 Mida 10 cm de la base de la botella hacia arriba y con el plumón marque una línea a esa altura, en todo el contorno. Corte por la línea, con navaja cutter, y separe la parte de arriba. Mida de la orilla que acaba de cortar hacia abajo 1 cm y marque un punto cada 3 cm. Perfore cada uno de los puntos con la aguja de canevá. Tome la medida del contorno de la orilla que cortó y auméntele 2 cm. Corte en la tela un rectángulo de 30 cm de largo por esta medida de ancho.

2 Junte los lados derechos de las dos orillas de 30 cm de largo y únalas con una costura por el revés, a 1 cm de la orilla.

3 Voltee la pieza al derecho y acomode la costura en el centro de atrás. Corte y cosa en cada lado un ojal de 1.5 cm de largo. La parte superior del ojal debe quedar a 6 cm de distancia de la orilla superior. En esa misma orilla cosa un dobladillo de 7 mm. Doble hacia adentro otro dobladillo de 4.5 cm, que debe cubrir los ojales, y cósalo. Pase otra costura 2 cm arriba de este dobladillo. Corte el listón a la mitad y pase cada tramo por los ojales, a cada lado de la bolsa. Anude las puntas de los listones juntas.

4 En la orilla de abajo haga un dobladillo de 1 cm.

5 Coloque la tela sobre la pieza de plástico. Por los orificios introduzca la aguja con hilo azul y cosa juntos el plástico de la botella, la tela y un botón. Asegure cada botón en forma independiente. Repita hasta terminar con los orificios. Así queda unido el tubo de tela a la base de la botella para formar una práctica bolsa.

Tiro al blanco

Material:

- 60 cm de pellón autoadherible
- 60 cm de dubetina en los siguientes colores: azul cielo y verde claro
- 50 cm de dubetina en los siguientes colores: café claro, café oscuro y verde oscuro
- 25 cm de dubetina en los siguientes colores: beige, negro, rojo y amarillo
- pegamento transparente o silicón
- 5 m de listón estampado
- pintura textil negra
- delcrón
- 4 pompones amarillos
- 4 pistilos
- 2 pares de ojitos movibles
- 2 m de velcro

1 Coloque sobre el pellón la dubetina azul y péguela con la plancha. Para la parte inferior, pegue la dubetina verde claro. Recorte los patrones en las dubetinas de color según se indica. Pegue la palmera, el chango y las flores como si armara un rompecabezas. Pegue por toda la orilla el listón para darle un mejor acabado.

2 Cuando todas las piezas ya estén pegadas, pinte los números y los detalles con la pintura textil, empezando por lo que esté arriba y terminando lo que esté arriba y terminando hacia abajo, así no correrá el riesgo de manchar su trabajo.

3 Recorte círculos de dubetina de 20 cm de diámetro, haga un hilván por toda la orilla, rellene con delcrón y cierre, para formar las pelotitas. Pegue varios tramos de la parte dura del velcro sobre cada pelotita, para que las pelotitas se adhieran al juego.

4 Con los pompones haga las abejitas, ponga los pistilos como antenas y pegue los ojitos. Pegue sobre la parte del cielo.

3 piezas
en verde oscuro

3 piezas
en verde claro

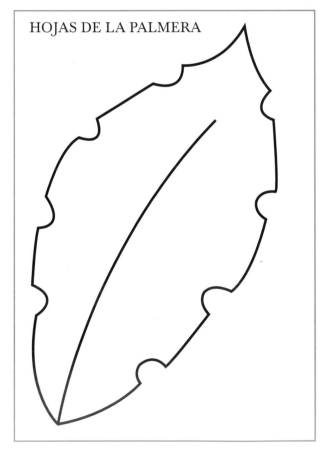

HOJAS DE LA PALMERA

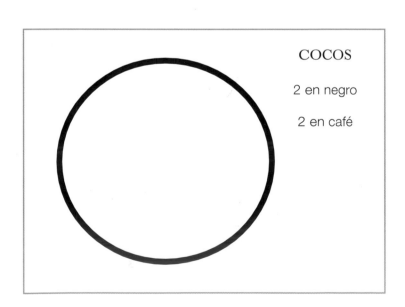

COCOS

2 en negro

2 en café

TRONCO DE LA PALMERA

Estandarte
"Vamos a contar"

Material:

- *1 m de fieltro americano rojo*
- *10 cm de fieltro americano de cada uno de los siguientes colores: blanco, verde claro, rosa fuerte, rosa claro, carne, café, naranja, azul plúmbago, amarillo fuerte, amarillo claro, beige*
- *6 cm de espiguilla*
- *delcrón o algodón*
- *hilos para bordar de los colores del fieltro*
- *velcro*
- *palito de madera*

1 Corte en fieltro rojo un rectángulo de 53 por 51 cm y tres tiras de 8 por 6 cm. Doble las tiras a la mitad, a lo ancho, y cosa las puntas en la parte superior del rectángulo para introducir el palito que sostendrá el estandarte.

2 Corte por pares el número de piezas de acuerdo con la fotografía, en el color que les corresponde.

3 Divida el estandarte: seis espacios verticales y dos horizontales.

4 Marque con la espiguilla el contorno para la decoración de cada rectángulo.

5 Cosa a mano, en el primer espacio, las palabras "vamos a contar".

6 Borde en el estandarte los nombres de los números y cosa la aplicación de cada número.

7 Cosa las partes de cada pieza, deje una pequeña abertura, rellene y cierre.

8 Cosa el velcro en la parte posterior de cada pieza terminada, coloque sobre el estandarte para ver el lugar que le corresponde y cosa otro tramo de velcro en ese lugar, para que se prendan o desprendan cuando juegue con los niños.

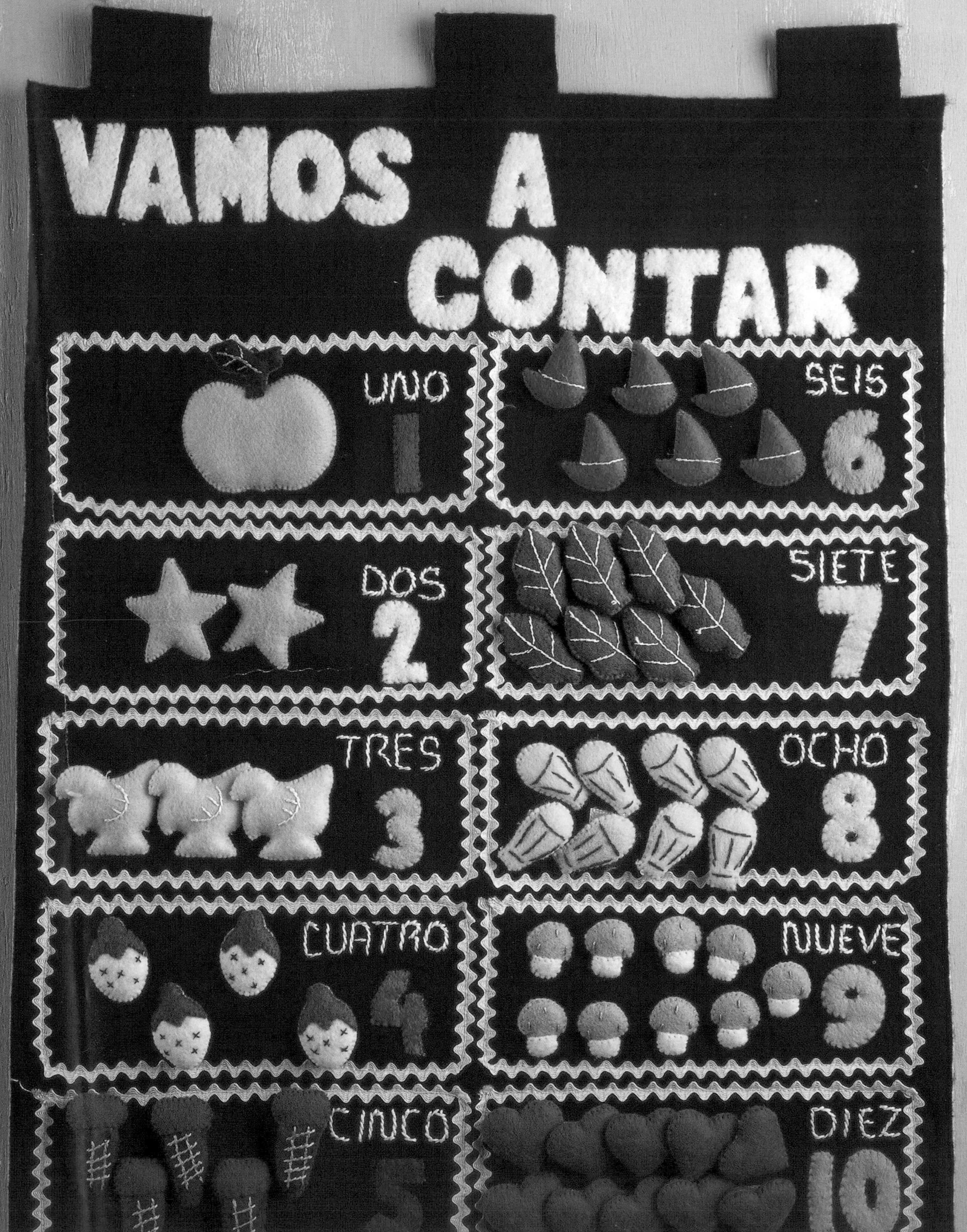

VAMOS A CONTAR
UNO
1
SEIS
6
DOS
2
SIETE
7
TRES
3
OCHO
8
CUATRO
4
NUEVE
9
CINCO
5
DIEZ
10

VAMOS A CONTAR

UNO
1

SEIS
6

DOS
2

SIETE
7

TRES
3

OCHO
8

CUATRO
4

NUEVE
9

CINCO
5

DIEZ
10

Botecitos para escritorio

Material:

- 3 latas vacías, sin ningún filo
- 3 hojas de fieltro de diferentes colores
- pegamento transparente
- 1.50 m de espiguilla delgada roja, naranja, amarilla, verde y azul oscuro
- recortes de fieltro en tres colores contrastantes

1 Corte un tramo de fieltro de 25 x 16 cm en cada color. Forre las latas.

2 Pegue hacia el interior los cinco centímetros sobrantes.

3 Alrededor de la parte superior de cada lata, pegue dos tiras de espiguilla de 25 cm en colores contrastantes.

4 Trace las letras ABC en los recortes de fieltro y córtelas con tijeras de picos.

5 Pegue una letra a cada una de las latas forradas.

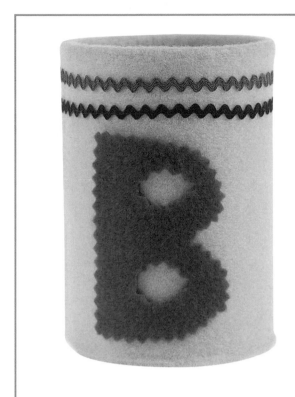

Agujetas decoradas

Material:
- *agujetas planas*
- *plumones permanentes*
- *pinturas textiles*
- *pinturas acrílicas*
- *1 pincel de punta fina*
- *1 pincel de punta mediana*

ANIMALES SALVAJES

Pinte rayas anchas y finas con el plumón negro sobre una agujeta blanca, para lograr el efecto de cebra. Las agujetas de jirafa se hacen con manchas cafés sobre una agujeta pintada de amarillo.

DE MIL COLORES

Utilice pinturas acrílicas, textiles o plumones de varios colores. Experimente con gotas y manchas por toda la agujeta.

Haga combinaciones usando los tonos del arco iris o de camuflaje, con colores verde, café, amarillo y crema. Su imaginación es el límite.

DISEÑOS DIMINUTOS

Pinte pequeñas flores, lunares, rayas delgadas, triángulos, etcétera. Utilice pinturas acrílicas y el pincel de punta fina.

EL PRIMER PASO, SELECCIONAR EL MATERIAL

Seleccionar el material para trabajar es muy sencillo, ya que existe infinidad de plantas con colores, texturas y tamaños diferentes que pueden servir.

Escoja hojas y pétalos de flores completos y sin maltratar. Puede seleccionar algunos que se hayan caído ya, o los puede cortar especialmente para su manualidad.

DESHIDRATAR

Es muy importante que guarde el material con el que va a trabajar en un sobre de papel y que al llegar a su casa coloque las hojas y los pétalos entre las páginas de un libro, de preferencia en uno con bastantes páginas.

El material deberá estar ahí durante una semana por lo menos. Al paso de dicho tiempo, las hojas o pétalos estarán aplanados y habrán cambiado un poco de color.

Notará que son mucho más delgados que lo normal y que su textura es un poco más fina.

CONSEJOS PARA LA HORA DE PEGAR

Puede pegar su material en cualquier superficie, como fomi, cartón o cartulina. Para hacerlo, debe utilizar pegamento blanco y un pincel sumamente fino o un palillo de madera.

Recuerde no poner demasiado pegamento, pues las hojas y los pétalos son muy delgados.

Tarjetas

Por ejemplo, un pez en la pecera o la cáscara de la sandía. También puede pegar pedazos de alguna rama delgada para poner el techo o las paredes de la casita.

Material:

- *1 cartulina blanca*
- *acuarelas de colores*
- *pegamento blanco*
- *hojas y pétalos deshidratados*
- *ramas delgadas*

1 Corte tramos de cartulina de la mitad de una hoja tamaño carta y dóblelos a la mitad.

2 Del lado que será el frente, dibuje con lápiz una figura sencilla, como una sandía, una casa o una simpática tortuga.

3 Ilumine la figura con las acuarelas y haga algunos detalles con las hojas y los pétalos deshidratados pegados.

Cuadros

Material:

- *fomi o cartón*
- *pegamento blanco*
- *hojas y pétalos deshidratados*
- *acuarelas de colores*
- *cartulina de colores*
- *base de corcho*

1 Corte el fomi o la cartulina de colores del tamaño que desee su cuadro.

2 Pegue con el pegamento blanco las hojas y los pétalos deshidratados para formar su composición.

3 Agregue algunos detalles con las acuarelas o con cualquier otro tipo de pintura que tenga a la mano.

4 Haga un marco de cartulina de color para que los trabajos luzcan más, o bien, colóquelos sobre una base de corcho.

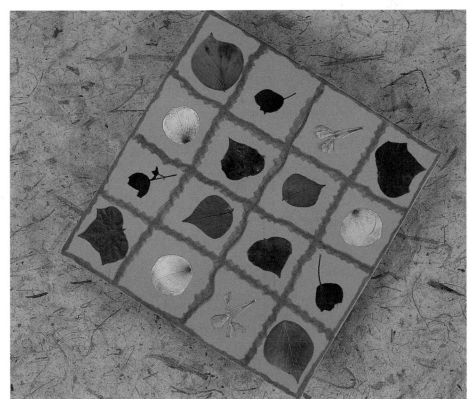

Separadores

Material:

- *cartulina de colores*
- *listón delgado*
- *crayones de colores*
- *pegamento blanco*
- *hojas y pétalos deshidratados*
- *mica autoadherible*

1 Corte tiras de cartulina de 6 x 14 cm y tramos de listón de 10 cm de largo.

2 Haga diversos ensayos para planear su diseño y marque dónde irán los pétalos o flores. Puede hacer múltiples diseños, cambiando las posiciones del material y haciendo combinaciones de color.

3 Marque con los crayones algunos detalles que le den vida al separador.

4 Ponga un poco de pegamento a los pétalos y flores y péguelos sobre los pedazos de cartulina.

5 Haga un orificio en la parte superior de los separadores, introduzca ahí dos o tres listones de diferentes colores y amárrelos.

6 Utilice la mica autoadherible para proteger los separadores, ya que los pétalos y las hojitas son materiales muy delicados.

Juego de gato con madera y piedritas

Material:
- *1 tabla de 30 por 22 cm*
- *pintura vinílica blanca*
- *1 brocha delgada*
- *10 piedras bola de río*
- *pinturas de agua en colores: rojo, negro, naranja, amarillo, azul rey y verde*
- *1 pincel delgado*

1 Aplique una capa de pintura vinílica blanca a toda la tabla y deje secar. Prepare pintura en color crema, con un poco de amarillo y blanco, y dé otra capa a la tabla.

2 Marque con lápiz una cuadrícula de 2 cm de ancho por el largo de la tabla, en los costados. Alterne el color de los cuadros, uno en crema y otro en verde. En el centro de los cuadros de color crema pinte un puntito rojo.

3 También con rojo, pinte en el centro las rayas para el gato.

4 Pinte diez piedras de blanco y deje secar. Pinte de amarillo cinco de éstas, deje secar, y luego pinte anillos de negro alrededor. Dibuje enfrente dos puntitos como ojos, una rayita como boca y forme sus antenas.

5 Pinte las otras cinco piedras de negro, pinte las alas de rojo, con negro haga boca y ojos y dibuje algunos puntos sobre el caparazón.

Portarretratos originales

Material:

- portarretratos de madera o papel
- pintura para cartel
- silicón o pegamento transparente
- abatelenguas
- juguetitos
- clips de colores
- recortes de revista
- crayolas

CON ABATELENGUAS

Pinte el portarretrato de un solo color. Pinte cuatro abatelenguas de un color y cuatro de otro color contrastante. Cuando el portarretrato seque, pegue los abatelenguas, en orden de colores.

CON PINTURA

Pinte el portarretrato de un color liso. Haga algunos detalles con otra pintura de un tono contrastante. Busque portarretratos con figuras originales, como corazones o flores.

CON JUGUETITOS

Dé un toque especial a los marcos o portarretratos con juguetes en miniatura. A los niños les encantará ver su foto enmarcada por estos divertidos elementos.

CON CRAYOLAS

Después de pintar la madera o el cartón con un color llamativo, pegue algunas crayolas en diferentes posiciones. Esto le dará un toque muy especial y original, que fascinará a los pequeños.

CON RECORTES

Cubra el portarretratos con uno o varios recortes que tengan colores atractivos, como los de su personaje preferido. Después puede añadir barniz o una capa de pegamento blanco.

CON CLIPS

Pinte el portarretrato con un color base. Pegue clips de colores en forma desordenada, combinando los colores.

Canasta de lata con flores

Material:

- 1 lata vacía sin ningún filo
- pintura vinílica blanca
- brocha
- pintura de esmalte en aerosol, rosa
- 3 limpiapipas amarillos
- pegamento transparente
- pedacito de oasis
- flores de tela
- tiritas de rafia color crudo
- retazos de fieltro rosa y rojo
- retazos de cartón blanco
- 1 par de ojitos movibles
- 2 pompones rosas

1 Pinte la lata con la pintura blanca, deje secar y aplique la pintura en aerosol. Deje secar de nuevo.

2 Entreteja los limpiapipas para hacer el asa y péguela a los lados en el interior de la lata.

3 En el fondo de la lata introduzca el oasis y clave ahí las flores para formar un ramo.

4 Con la rafia forme un moño sobre el centro del asa.

5 Con el fieltro, forme la cara del conejo. Haga orejitas de cartón y fieltro rosa, así como el moño.

6 Pegue la cara, las orejas y los ojitos, los pompones como mejillas, y en la parte de abajo, el moño como corbata.

Canastas con envases de refresco

MUÑECA

Material:

- 1 botella de plástico, con capacidad de 2 litros
- pintura acrílica en colores beige, negro, azul, blanco y rojo
- pegamento transparente
- mecate
- 50 cm de tira bordada
- 60 cm de estambre rosa fuerte
- 60 cm de listón de popotillo rosa fuerte, de 2.5 cm de ancho

1 Corte el cuello de la botella. Píntela con dos capas de pintura beige. Deje secar entre una y otra. Si el plástico de la botella es de color, tal vez necesite más capas, hasta cubrirlo por completo.

2 Pegue una tira de mecate en la orilla superior. Destrence y corte el mecate en tiras de 15 cm para formar la cabellera, péguelas alrededor y recórtelas del frente a 6 cm, como fleco.

3 Guiándose por los dibujos, con las pinturas y un pincel muy delgado dibuje los ojos, las líneas de la nariz y de la boca. Con esponja y pintura roja marque los círculos de las mejillas.

4 En la parte inferior, pegue la tira bordada ligeramente plegada. Cubra la unión con el estambre y anude en moño al frente.

5 Corte una tira de mecate de 30 cm. Péguela como asa. Corte el listón a la mitad y forme dos moños. Péguelos sobre las asas, a los lados.

VISERA DEL PAYASO

CARA DEL PAYASO

CARA DE LA MUÑECA

CARA DE LA VACA

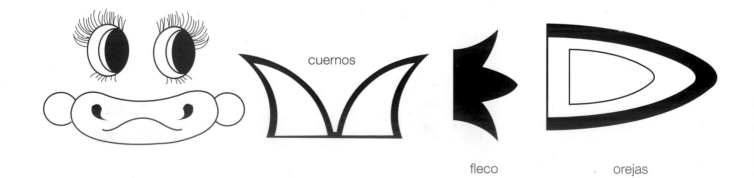

cuernos

fleco

orejas

Corona de Pascua con tapas

Material:

- *tapas de frascos de mermelada*
- *pintura vinílica blanca*
- *brocha*
- *1 corona de unisel*
- *10 cm de tela de algodón con estampado tipo* country
- *pegamento transparente*
- *recortes de cartoncillo blanco*
- *recortes de fieltro rosa*
- *pompones rosas*
- *ojos movibles*
- *listones angostos de diferentes colores*
- *huevos de unisel*
- *pintura de agua de diferentes colores*
- *pincel*
- *paja*
- *1 moño de henequén de diferentes colores*

1 Pinte las tapas con la pintura vinílica blanca y deje secar. Forre la corona con la tela y pegue las tapas alrededor.

2 Con el cartón, el fieltro y los retazos de tela forme las orejitas y péguelas sobre las tapas.

3 Arme las mejillas con los pompones y péguelos, así como los ojitos, y finalmente la corbata de moño de listón.

4 Corte los huevitos de unisel, a lo largo a la mitad, píntelos primero con vinílica blanca y luego con pinturas de agua. Péguelos entre las caritas de conejo sobre un poco de paja.

5 Pegue el moño en la parte inferior, al centro.

Pingüiboliche de botellas de refresco

Material:

- pintura acrílica rosa, azul, amarilla y verde
- 10 botes de refresco de 2 litros, vacíos
- fomi grueso, blanco y negro
- pegamento transparente o silicón
- recortes de fomi delgado, en colores naranja, rosa, azul, amarillo y verde
- 10 pares de ojos movibles, medianos
- arena (opcional)

1 Pinte las tapas de las botellas con la pintura acrílica blanca. Deje secar. Dé dos manos de pintura de diferentes colores y deje secar entre mano y mano.

2 Corte en fomi blanco la pieza para el cuello de la botella y forre el resto del envase con el fomi negro. Use pegamento transparente para fijar las piezas sobre cada bote. Corte las patas, el pico, el óvalo y los moños y péguelos en su lugar, lo mismo que los ojitos. Tape las botellas.

3 Si lo desea, puede rellenar las botellas con un poco de arena, ayudándose con un embudo, para darles mayor estabilidad.

Bote de leche para caramelos

Material:

- *1 bote de cartón para leche, rectangular*
- *pintura acrílica morada*
- *1 hoja de fomi delgado, azul turquesa*
- *tijeras con dibujo en el corte*
- *pintura textil amarilla*
- *pegamento transparente*
- *limpiapipas de diferentes colores*

1 Corte el bote para dejarlo de 15 cm de altura y píntelo de morado. Corte dos tiras de fomi; recorte uno de sus extremos con las tijeras especiales de dibujos y decore con puntos de pintura textil. Cuando esté seco, pegue una en el borde inferior y la otra en el superior.

2 Forme caramelos, bastones y paletas con los limpiapipas. Distribuya en forma armónica en el bote y péguelos.

labores para
el hogar

Álbum con mecate

Material:

- 1 álbum para fotografías o carpeta de argollas
- 1 m de papel estraza
- pegamento transparente
- encaje de bolillo
- 1 rectángulo de 20 x 22 cm de papel amate
- 3 m de mecate
- 1 botón

1 Forre el álbum o carpeta con el papel estraza. Cubra las orillas del papel doblado hacia el interior del álbum con encaje de bolillo pegado.

2 Pegue al centro del frente el rectángulo de papel amate y rodéelo de mecate. Con 30 cm de mecate enrollado elabore cinco piezas en forma de círculo.

3 Péguelas dentro del cuadrado, una en cada esquina y una más al centro. A esta última péguele un botón en medio y un moño abajo.

4 Pegue una tira de mecate rodeando el frente del álbum.

Bolsas de papel decoradas con encaje

TARJETAS DE CORAZÓN

Material:

- recortes de papel kraft
- 1 delineador negro

1 Haga en papel kraft corazones de varios tamaños. Recorte la orilla con tijeras de zig-zag.

2 Marque con el delineador negro un corazón más pequeño dentro del corazón, escriba un mensaje de amor o amistad en el interior del corazón pequeño.

BOLSAS

Material:

- bolsas de papel en varios tamaños
- 1.10 m de encaje de bolillo de 9 cm de ancho
- carpetitas circulares u ovaladas
- engrapadora
- pegamento transparente
- aguja de tapicero
- aguja estambrera
- 40 cm de listón satinado núm. 2
- 1.10 m de listón satinado núm. 1

CON CARPETA CIRCULAR

1 Corte y elimine las asas de la bolsa.

2 Coloque un sachet de encaje dentro de la bolsa.

3 Una las dos orillas de la bolsa y dóblelas hacia atrás.

4 Engrape sobre ellas la carpeta tejida circular, para que decore el frente de la bolsa.

5 Restire la carpeta y pegue la otra orilla sobre la base, para fijarla.

6 Haga un moño con el listón núm. 2, y péguelo en la parte superior.

7 Pegue sobre el moño el corazón de papel.

CON ENCAJE DE BOLILLO

1 Corte y elimine las asas de la bolsa.

2 Coloque dentro el sachet de encaje.

3 Corte el encaje de bolillo en dos partes, únalas a lo ancho, pasando el listón del núm. 1 por las hileras de casitas como si fuera pasalistón, para que cubra la bolsa por los dos lados.

4 Pegue en las orillas de la bolsa las orillas del encaje de bolillo, hasta dejar toda la bolsa forrada.

5 Doble las orillas hacia el frente, únalas con la aguja estambrera y el sobrante de listón. Amarre formando un moño pequeño.

6 Pegue el corazón de papel sobre el moño.

Sellos para decorar tarjetas

Material:

- *manija o Roller*
- *cartucho de tinta o cojines de varios colores*
- *rodillo de sello, los hay de muchos diseños*
- *polvo plástico para sellos*
- *pistola de calor*
- *papelería para el proyecto a realizar*
- *accesorios para decorar los papeles, si hace tarjetería*

Con estos materiales usted puede hacer infinidad de cosas como su papelería personal, invitaciones para una fiesta, decorar platos de papel para hacer juego con servilletas e individuales, envolturas, cajas y muchos artículos más.

CON CARTUCHOS DE TINTA

1 Tome la manija o Roller y escoja el color de cartucho de tinta deseado. En el frente tiene una tapa negra, quítesela e introduzca el cartucho en la manija.

2 Tome su sello e introdúzcalo a la manija hasta oír el ruido del "click".

3 Antes de empezar su trabajo, pase el sello varias veces sobre una hoja de papel para que se empape de la tinta escogida y pinte parejo.

4 Hay botellitas de tinta de todos los colores. Puede rellenar el cartucho cuando se acabe la tinta, que no es tóxica.

La combinación de sellos y detalles hace de cada tarjeta una creación. La aplicación de sellos es muy importante y a partir de ellos se utilizan otros elementos, como el mecate, la flor deshidratada y los recortes y pedazos de papel de diferentes colores.

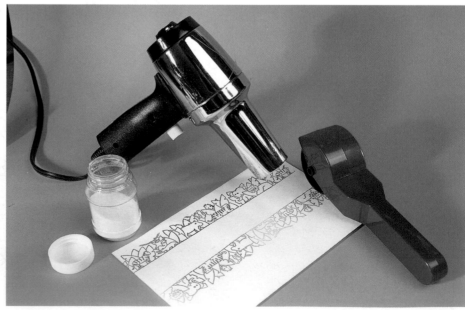

CON COJINES DE COLORES

1 También puede hacer su decoración con cojines de colores, llamados arco iris porque vienen varios en uno. Para usarlo quite el cartucho de color, vea con detenimiento el sello para encontrar una unión, localícela, tome el cojín, fíjese que tiene puntos que sobresalen en las orillas en ambos lados, coloque sobre esos puntos la unión del sello, mueva hacia adelante y atrás una sola vez y queda listo para que lo use.

2 Esto sirve para que sepa con qué color empezó y no ponga un tono sobre otro.

3 Si en algún momento se equivoca, tome un trapo húmedo y limpie la pieza, de arriba hacia abajo, con cuidado para no mezclar los colores de los lados.

Los materiales y composiciones de estas tarjetas son muy originales. Una lleva papel sobrepuesto con el sello de chocolate; en otra, el sello de películas va sobre la franja café. Para otra, haga un collage sobre un tramo de listón y recortes de papel, algunos de ellos con sellos impresos.

Combine papeles, haga contrastes como el coral con la aplicación natural del sello African, adornada con un tramo de mecate. La pequeña lleva sello de hiedra en la parte inferior y la amarra un cordón de algodón con un palito de madera.

TRABAJOS REALZADOS

1 Si desea un resultado con volumen, semejante a la serigrafía, una vez aplicado el sello y mientras la tinta está aún fresca, cúbralo con el polvo plástico, moviendo el papel de arriba a abajo hasta que cubra el sello.

2 Regrese el polvo sobrante al frasco, pase sobre el sello la pistola de calor especial para estos trabajos y la impresión quedará resaltada.

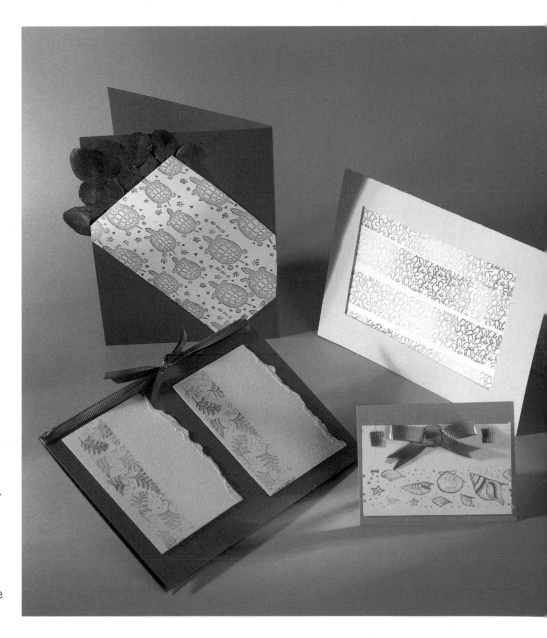

Accesorios para baño con papel corrugado

JUEGO DE CAJAS

Material:

- 2 cajas de avena, de cartón, vacías
- listón de papel corrugado de diferentes colores
- pegamento blanco
- 2 m de encaje blanco ancho
- flores de tela y deshidratadas
- 1 pliego de cartoncillo

1 Para la caja grande utilice una caja completa. Extienda un tramo del listón de papel al tamaño de la caja, córtelo y fórrela totalmente. Fije con pegamento las orillas superior e inferior y la unión.

2 Adorne con cuatro tiras de encaje, colocadas verticalmente. Forre la tapa. Sobre ella, cruce cuatro tiras de encaje que se unirán al centro, formando un moño.

3 Haga un ramito con las flores y péguelo al centro.

4 Para la mediana y pequeña, corte dos partes de la otra caja, una más grande que la otra.

5 Con el cartoncillo haga la tapa y la base de la que quedó sin ellas. Fórrelas de la misma manera que la anterior.

6 Coloque el encaje envolviendo la caja mediana, para que quede diferente a la otra. Adorne también con flores.

PORTARRETRATO

Material:

- 1 pliego de cartoncillo
- relleno sintético
- pegamento blanco
- listón de papel corrugado
- 25 cm de tira bordada
- 1 m de listón de seda, angosto
- 1 ramito de flores y follaje deshidratados
- 20 cm de tela de algodón estampada

1 Corte dos rectángulos de cartoncillo del tamaño del marco que desee. En este caso fue de 26 x 20 centímetros.

2 Corte un hueco en uno de los cartones, ya sea ovalado, redondo o rectangular.

3 Al cartón con el hueco péguele un poco de relleno encima, todo alrededor, y fórrelo con una tira de listón de papel corrugado.

4 Alrededor del hueco pegue la tira bordada plegada y encima el listón de seda. Adorne con un moño del mismo listón en una esquina, junto con el ramito de flores.

5 Al cartón completo, que será el forro de atrás, fórrelo con listón de papel corrugado en la parte posterior, y con la tela forre el frente, que asomará por el hueco.

6 Pegue los dos cartones entre sí, pero deje sin pegar la parte de arriba para poder introducir por ahí la foto.

PAPELERO CON FLORES

Material:

- *papelero de lámina*
- *1 rollo de listón de papel corrugado de seis metros, aproximadamente*
- *pegamento transparente*
- *1 rollo de listón de papel corrugado de seis metros, aproximadamente, en color de contraste o con diseño*
- *ramo de flores de seda*

1 Corte tres tiras del listón de papel, de 65 cm de largo cada una, y desenrróllelo. Pegue una por una hasta dejar forrado el papelero; empiece y pegue siempre por el mismo extremo del papelero, para tener una sola unión. Sólo ponga el pegamento en las orillas y uniones.

2 Del listón con diseño o de color contrastante, corte dos tiras sin desenrollar, de 65 cm de largo; semejan un cordón. Pegue una en la parte superior y otra en la parte inferior, inicie y termine de modo que todas las uniones queden del mismo lado.

3 Corte otro tramo de listón de 25 cm, péguelo del lado de la unión para taparla.

4 Corte un tramo de 75 cm de largo de cada uno de los listones que está usando. Desenróllelos y con los dos haga un moño para decorar un lado del papelero.

5 Decore el moño pegándole encima el ramo de flores.

PAPELERO CON ENCAJE

Material:

- *papelero de lámina*
- *1 rollo de listón de papel corrugado, con diseño*
- *pegamento transparente*
- *3 m de encaje angosto*
- *1 ramito de flores de seda*

1 Desenrolle un tramo de listón de papel, lo suficiente para cubrir el papelero. Fórrelo, pegando en las orillas y en la unión.

2 Pegue el cordón del mismo listón de papel sin desenrollar, en la parte superior y en la inferior.

3 Pliegue el encaje y córtelo en dos tramos de 65 centímetros de largo cada uno.

4 Péguelos como holán en la parte superior e inferior del papelero.

5 Con el mismo listón de papel haga un moño y péguelo, junto con el ramito de flores, para decorarlo.

PAPELERO PEQUEÑO

Material:

- *papelero pequeño*
- *3 tiras de listón de papel desenrollado, de 50 cm cada una*
- *pegamento transparente*
- *2 tiras de listón de papel enrollado, de 50 cm cada una*
- *1 tira de encaje plegado de 50 cm*
- *1 ramito de flores*

1 Forre el papelero con dos de las tiras de listón desenrollado. Pegue las uniones de un lado.

2 Pegue en los dos extremos, como cordón, las tiras de listón enrollado y bajo la tira superior, pegue el holán de encaje.

3 Con la otra tira haga un moño, péguelo en la parte superior y sobre éste, el ramito de flores.

Arreglo de verduras

Material:

- 1 caja de zapatos
- tela estampada
- pegamento blanco
- estambre rojo
- verduras de plástico

1 Mida todo el contorno de la caja y la altura de los costados. En la tela corte una pieza con esas medidas y otra con un aumento de 5 cm por lado. Usando la caja como patrón, dibuje su base sobre la tela y córtela.

2 Aplique pegamento al fondo de la caja y coloque en ella la pieza de tela. Extienda bien. Con la pieza que no tiene aumento forre igual los costados del interior. Con la pieza que tiene aumento forre el exterior, pegue el sobrante de abajo doblándolo hacia la base de la caja y el de arriba, doblándolo hacia el interior. Corte las orillas de la tapa de la caja y fórrelas de tela, para formar el asa.

3 Corte dos tiras de 16 x 8 cm de tela. Dóblelas a la mitad a lo ancho y cósalas por el revés. Voltee las tiras, que quedaron de 16 x 3.5 cm, una los dos extremos cortos, para que quede de 8 x 3.5. Con estambre amarre el centro, para formar un moño. Con aguja de canevá y estambre cosa el asa a la caja. Pegue un moño en cada costura para cubrirla.

4 Coloque las verduras en el interior. Es un lindo adorno para la cocina.

CONSEJO:
Con la misma tela puede hacer forros para sus botes: corte círculos, con tijera de picos, 3 cm más grandes que las tapas y amárrelos con estambre sobre ellas.

Caja para herramientas

Material:

- *1 cartón de cerveza, pequeño*
- *35 cm de tela estampada con cuadros*
- *pegamento blanco*
- *1 brocha de una pulgada*
- *1 pantalón de mezclilla de desecho*

1 Corte en la tela estampada un rectángulo que mida de largo el contorno de la caja más 3 cm y de alto, la altura multiplicada por 2 más 10 cm.

2 Rebaje con un poco de agua el pegamento blanco. Aplíquelo con la brocha sobre todo el contorno de la caja. Rodéela con la tela, dejando un sobrante de 4 cm en la parte inferior y el resto en la superior. Al unirse las dos orillas, pegue una sobre la otra.

3 Corte los sobrantes de la parte inferior en línea recta en las esquinas. Aplique pegamento en la base de la caja, doble los sobrantes y péguelos. Corte una pieza de tela al tamaño de la base y péguela sobre los dobleces.

4 Corte los sobrantes de arriba en las esquinas y en la separación del centro, dóblelos hacia adentro de la caja y péguelos, de la manera en que se indicó.

5 Mida el tamaño de los costados y la base de las dos partes interiores de la caja y corte las piezas de tela. Péguelas para forrar el interior.

6 En una hoja de papel bond o albanene, saque el patrón del asa de la caja, con todo y el orificio del centro.

7 Córtelo sobre el doblez de una de las piernas del pantalón de mezclilla. Cubra de pegamento rebajado el asa, coloque sobre ella la pieza de mezclilla, de modo que coincida el orificio.

8 Corte una bolsa del pantalón y péguela al frente de la caja. Utilice frascos vacíos para guardar clavos, tachuelas, armellas y otros objetos pequeños.

Organizador

Material:
- papel o cartulina
- 50 cm de popelina roja
- 20 cm de tela de algodón con motivos azules
- 20 cm de tela de algodón a cuadros rojos y azules
- 1 pieza de guata de 46 x 46 cm
- 2 m de cordón mediano, azul claro
- 4 botones metálicos
- 2 colas de pato para colgar
- 3 ganchos pequeños
- pegamento transparente

1 Trace en papel o cartulina los siguientes patrones:
* 1 cuadro de 5 x 5 cm
* 1 triángulo con dos lados de 5 cm formando ángulo recto y el tercero de 7 cm
* 1 cuadro de 15 x 15 cm, para las bolsas
* 1 rectángulo de 15 x 45 cm, para la base de las bolsas
* 1 cuadro de 45 x 45 cm, para el forro

2 Aumente, para costuras, 1 cm a la bolsa en la orilla superior y 0.5 cm alrededor de todos los demás patrones. Recórtelos.

3 Con ellos corte en las telas correspondientes el siguiente número de piezas:
* 13 cuadros de popelina roja

* 13 cuadros de tela estampada azul
* 14 triángulos de popelina roja
* 14 triángulos de tela estampada azul
* 28 triángulos de tela estampada a cuadros
* 1 bolsa de 15 x 15 cm, de cada una de las telas
* 1 rectángulo de 15 x 45 cm de tela a cuadros
* 1 cuadro grande, de 45 x 45 cm, de popelina roja

4 Cosa por el revés los triángulos, de dos en dos, combinando las telas como lo indica el diagrama de armado,

para formar 14 cuadros completos de 5 x 5 cm. Siguiendo el mismo diagrama, forme las seis hileras de nueve cuadros cosiéndolos por el revés.

5 Una el rectángulo de tela estampada a la orilla inferior. Coloque la pieza que acaba de armar sobre la guata y sujete ambas con unas puntadas a mano. Una las bolsas por los costados y haga un dobladillo a la orilla superior. Coloque sobre el rectángulo las bolsas y cósalas a la pieza completa. Pase una costura por la unión entre una y otra, para que se formen las tres bolsas.

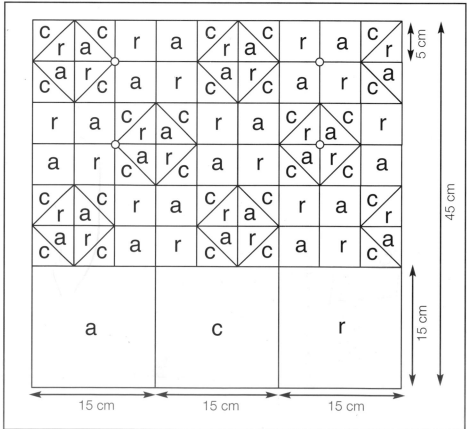

c = tela a cuadros   r = tela roja   a = tela azul

6 Encima de la pieza que acaba de armar ponga el forro, derecho contra derecho de la tela, cosa juntas todas las orillas, sólo dejando una abertura grande para voltear la pieza. Voltee y cierre a mano la abertura con puntadas invisibles.

7 Pegue el cordón en las orillas. Cosa los botones donde se indica en el diagrama y las colas de pato para colgar en la parte de arriba, por atrás.

8 Al centro de cada bolsa, en la parte inferior, haga un pequeño corte en el forro, justo detrás del cordón. Introduzca en uno un gancho, y ponga pegamento para fijar el gancho a la tela. Repita con los otros dos.

Estuches para lentes y pañuelos

PARA PAÑUELOS DESECHABLES

Material:

- 15 cm de mezclilla
- 15 cm de tela lisa o estampada para el forro
- 50 cm de cola de rata, de cada uno de los siguientes colores: rosa, amarillo y morado
- pegamento transparente
- 2 botones iguales, rosa y amarillo

1 Corte, tanto en la mezclilla como en el forro, un rectángulo de 15 x 17 cm.

2 Una ambas telas y cosa por el revés las orillas más cortas. Voltee la pieza al derecho y planche las costuras. Marque el centro de la pieza a lo ancho.

3 Con la mezclilla hacia arriba, doble las orillas ya cosidas hacia la línea que marcó en el centro y cierre las orillas. Voltee la bolsa.

4 Teja una trenza con la cola de rata y péguela en diagonal a ambos lados de la abertura central. Pegue un botón entre la trenza y la abertura, y el otro en el extremo opuesto.

PARA LENTES

Material:

- 1 rectángulo de gabardina morada de 4 x 21 cm
- 1 rectángulo de mezclilla de 4 x 21 cm
- 1 rectángulo de tela estampada, de 13 x 21 cm
- 3 botones que armonicen con las telas del juego
- 1 rectángulo de dubetina morada de 18 x 21 cm para el forro interior
- 1 rectángulo de guata de 18 x 21 cm

1 Todas las piezas incluyen 0.5 cm para costura.

2 Cosa por el revés los tres primeros rectángulos para formar la pieza completa del estuche. Bajo el morado cosa el de mezclilla y después el grande de tela. Planche las costuras.

3 Doble la pieza a la mitad a lo ancho y cosa los botones del lado que usted prefiera. Coloque la pieza de tela y el forro con los derechos encontrados y debajo de ellas la guata.

4 Cósalas juntas por la orilla de arriba. Pase atrás el forro, para que la guata quede en medio.

5 Doble por la mitad a lo ancho la pieza completa con el forro hacia afuera y cosa las orillas, dejando la abertura de arriba. Voltee al derecho.

Armonía en la cocina

JUEGO DE FRASCOS

Material:

- *3 frascos de vidrio con tapa*
- *pintura acrílica en aerosol, color cobre*
- *lija de agua*
- *listón de 3.5 cm de ancho o tela, estampados*
- *pegamentos blanco y transparente*
- *1 pincel*
- *listón de 1 cm de ancho, rojo*

1 Pinte las tapas de los frascos con la pintura en aerosol color cobre. Deje secar bien. Pase la lija suavemente. Repita la operación tres veces y termine con una capa de pintura.

2 Si utiliza tela en lugar de listón, para que no se deshilache trace dos líneas sobre ella, a una distancia de 3.5 cm entre una y otra. Rebaje pegamento blanco con un poco de agua y con un pincel aplíquelo sobre la tira marcada en la tela. Deje secar y recorte.

3 Con el pegamento transparente fije el listón de 1 cm de ancho sobre la tapa. Amarre el listón ancho o la tira de tela rodeando el frasco, ate con nudo, deje las puntas de 6 cm de largo y hágales un corte transversal. Fije muy bien con el pegamento transparente.

Forme un juego de cocina completo unificando la apariencia de diversos frascos, botes, cajas de galletas de lámina o de madera, al decorarlos todos con el mismo colorido y estampado.

ESTUCHE PARA PORTAVASOS

Material:

- *lija para madera y lija de agua*
- *1 caja de madera*
- *1 juego de portavasos a la medida de la caja*
- *pintura acrílica en aerosol, color cobre*
- *listón de 3.5 cm de ancho o tela, estampados*
- *pegamentos blanco y transparente*
- *listón de 1 cm de ancho, rojo*

FRUTERO

Material:

- *1 canasta de mimbre*
- *pintura acrílica en aerosol, color cobre*
- *listón de 3.5 cm de ancho o cinta de tela, estampados*
- *pegamentos blanco y transparente*
- *Pegamento transparente*
- *1 placa de foam*
- *alambre delgado*
- *fruta artificial*

pegamento blanco como se indicó en las instrucciones de los frascos), entretejiendo en la canasta como si fuera pasalistón y fije con pegamento transparente.

3 Corte la placa de foam a la medida del fondo de la canasta y colóquela ahí.

4 Corte tramos de alambre de 10 cm e insértelos a la fruta con un poco de pegamento en la punta. Moje en pegamento la otra punta e insértela sobre la placa de foam.

5 Corte una tira de tela o listón de 20 x 3.5 cm. Haga un nudo en el centro y un corte transversal en las puntas. Fije en el centro del asa con un poco de pegamento transparente.

1 Pinte la canasta con dos o tres manos de pintura en aerosol, dejando secar entre una y otra. Deje secar bien.

2 Coloque el listón o la cinta de tela (barnizada con

1 Lije la caja. Pinte con la pintura en aerosol, deje secar y pase la lija de agua suavemente. Dé otra mano de pintura y repita la operación con la lija de agua. Aplique otra capa de pintura y deje secar perfectamente.

2 Coloque el listón de 3.5 cm de ancho o la tira de tela barnizada con pegamento como se indicó anteriormente, alrededor de todo el contorno de la base de la caja y fíjelo con pegamento transparente. Tape la unión con el listón de 1 cm de ancho.

3 Corte una tira de 20 x 3.5 cm de listón ancho o de tela, haga un nudo en el centro y un corte transversal en las puntas.

4 Fije el moño en el centro de la caja con pegamento transparente.

Desde el secador de cocina hasta el frutero se decoran con los mismos elementos: pintura en aerosol cobre, que da un acabado espectacular, listón o tela estampados, para dar colorido, y listón rojo como detalle final.

SERVILLETERO

Material:

- *1 servilletero calado de alambrón*
- *pintura acrílica en aerosol, color cobre*
- *pegamento transparente*
- *tela estampada*

1 Pinte el servilletero con la pintura en aerosol. Deje secar y aplique otra capa de pintura. Deje secar bien.

2 Ponga un poco de pegamento transparente en el contorno interior del servilletero y pegue la tela muy bien estirada. Deje secar perfectamente y recorte siguiendo el contorno. Repita la misma operación con la otra cara del servilletero.

GALLETERO

Material:

- *1 caja de lámina, circular*
- *pintura acrílica en aerosol, color cobre*
- *lija de agua*
- *papel albanene*
- *tela estampada*
- *pegamentos blanco y transparente*
- *1 pincel*
- *listón de 1 cm de ancho, rojo*

1 Limpie la caja con un trapo húmedo y después seque perfectamente con trapo seco.

2 Con la pintura en aerosol, pinte la caja y la tapa. Deje secar y pase la lija suavemente sobre la pintura. Pinte y lije dos veces más. Aplique una última capa de pintura y deje secar bien.

3 En el papel albanene dibuje el contorno de la parte superior de la tapa, recorte. Use como patrón y córtelo en la tela.

4 Corte una tira de la misma tela del largo de la medida del contorno de la caja y de 3.5 cm de ancho. Aplíquele pegamento blanco con el pincel y deje secar. Péguela alrededor de la caja, a la altura de la base, con pegamento transparente.

5 Pegue el listón angosto alrededor de la tapa con un poco de pegamento transparente.

PANERA

Material:

- *1 cesto de mimbre o alambrón, rectangular*
- *pintura acrílica en aerosol, color cobre*
- *listón de 3.5 cm de ancho o tela, estampados*
- *pegamentos transparente y blanco*
- *80 cm de listón de 1 cm de ancho, rojo*

1 Pinte el cesto con dos o tres manos de la pintura en aerosol. Deje secar perfectamente entre una aplicación y otra.

2 Corte una tira de 80 cm y cuatro de 20 cm de listón de 3.5 de ancho. Si usa tela estampada, corte una de 80 x 3.5 cm y cuatro de 20 x 3.5 cm. Antes de cortar, aplique en las orillas de las tiras una capa de pegamento blanco para evitar que se deshilachen. Deje secar.

3 Introduzca la tira de 80 cm en el cesto, tejiéndola como si fuera pasalistón. Pegue las orillas con pegamento transparente y corte el sobrante. Haga lo mismo con el listón de 1 cm de ancho, colocándolo en la parte superior de la tira anterior.

4 Haga un nudo en el centro de las cuatro tiras de 20 cm y un corte transversal en las puntas.

5 Péguelas en las cuatro esquinas del cesto con un poco de pegamento transparente.

SECADOR

Material:

- *tela estampada*
- *alfileres*
- *1 secador de tela de toalla*
- *86 cm de listón de 1 cm de ancho, rojo*
- *1 argolla de madera*

1 Corte una tira de 42 x 3.5 cm de tela estampada, coloque con alfileres a 6 cm de la orilla del secador y cósala a mano o en máquina, por las dos orillas.

2 Cosa el listón en ambos extremos de la tira de tela, para tapar las uniones.

3 Cosa en el otro extremo del secador la argolla, que servirá para colgarlo.

BOTE PARA CUCHARAS DE COCINA

Material:

- *1 bote de lámina*
- *pintura acrílica en aerosol, color cobre*
- *lija de agua*
- *pegamentos transparente y blanco*
- *tela estampada*
- *30 cm de listón de 1 cm de ancho, rojo*

1 Limpie el bote con un trapo húmedo y seque perfectamente. Pinte con tres manos de pintura pasando la lija suavemente entre cada mano, termine con una capa de pintura. Deje secar por completo.

2 Coloque una tira de tela de 29 x 7 cm alrededor del bote, fíjela con pegamento blanco.

3 Pegue en los extremos el listón de 1 cm de ancho, para tapar las orillas de la tela.

4 En una tira de tela de 20 x 3.5 cm haga un nudo en el centro y un corte transversal en las puntas. Pegue el nudo en el centro del bote con un pocode pegamento transparente.

CHAROLA PARA CAMA

Material:

- *1 charola de 40 x 30 cm*
- *pintura acrílica en aerosol, color cobre*
- *50 cm de tela estampada*
- *40 cm de delcrón laminado*
- *delcrón para rellenar*
- *70 cm de cinta velcro*
- *pegamento transparente*

1 Pinte completamente la charola con la pintura. Aplique tres o cuatro manos, dejando secar entre una y otra.

2 Corte un rectángulo de 50 x 38 cm en la tela estampada y otro en el delcrón laminado.

3 Hilvánelos juntos, corte y cierre una pinza en cada esquina para formar una especie de caja. Corte un rectángulo de 40 x 30 cm de tela estampada y cósalo en la orilla de la caja, dejando una

abertura de 15 cm para rellenar.

4 Rellene con el delcrón como si fuese un cojín. Cierre la abertura con costura invisible. Cosa una tira de velcro en los extremos de 40 cm del cojín y fije su contra en la charola con pegamento transparente.

5 Coloque la charola sobre la cubierta acojinada. El velcro mantedrá unidas ambas piezas y permite quitar la cubierta fácilmente, cuando sea necesario lavarla.

Lindas cajas

CON ENCAJE

Material:

- *papel para hacer el patrón (puede ser periódico, cartoncillo, etcétera)*
- *1 caja con tapa*
- *25 cm de cinta de encaje*
- *pegamento transparente*
- *3 m de listón estampado*
- *2 m de pasamanería*
- *1 m de tira de perlas*
- *1.5 m de listón liso*
- *1 racimo de uvas artificiales*

1 Dibuje sobre el papel el contorno de la parte superior de la caja, para hacer el patrón. Agregue un centímetro a cada orilla y recorte. Corte la pieza en encaje.

2 Forre con la tira de encaje los costados de la caja, aplicando una tira de pegamento en las orillas superior e inferior del costado. Deje un centímetro extra en la parte superior. Haga un corte en cada esquina a este encaje sobrante y péguelo hacia adentro, con suficiente pegamento para que quede firme. De esta forma no se despegará con el roce producido al poner y quitar la tapa.

3 En la orilla inferior de la caja pegue una tira de listón estampado. Coloque y pegue una tira de pasamanería arriba y otra abajo del listón.

4 Forre la parte superior de la tapa con el encaje que cortó. Forre los costados con listón estampado. Cubra la unión superior con el hilo de perlas.

En la parte inferior pegue una tira de listón liso.

5 Confeccione dos moños, uno de listón estampado y otro de listón liso. Amárrelos uno sobre otro y péguelos al centro de la tapa. Pegue encima una lazada de pasamanería, una tira de perlas y el racimo de uvas.

ESTAMPADA

Material:

- pegamento transparente
- 1 caja redonda, estampada
- 2 m de listón liso
- 1.60 m de tira de perlas

1 Ponga una tira de pegamento en la parte superior del costado de la tapa. Pegue el listón formando tablones. Pegue encima la tira de perlas.

2 Haga un moño con el listón sobrante, péguelo como adorno. Corte varias perlas y decore con ellas el moño.

PARA BEBÉ

Material:

- 1 bote de cartón o lámina
- pintura vinílica, color al gusto
- pegamento transparente
- 3 m de listón estampado con motivos infantiles
- 1 m de punta de tira bordada
- 1 m de cordón blanco
- 2 limpiapipas

1 Pinte el interior del bote con pintura, en un tono pastel que contraste o haga juego con el estampado del listón.

2 Forre la caja pegándole las tiras necesarias de listón para cubrir los costados. En la parte superior pegue la tira bordada y sobre ella, el cordón.

3 Adorne con un moño sencillo hecho con el listón y, para darle un toque alegre, doble los limpiapipas en forma de espiral y péguelos debajo de él.

CON TELA

Material:

- 1 caja con tapa
- papel para hacer el patrón (puede ser periódico, cartoncillo, etcétera)
- 25 centímetros de tela estampada con un motivo que tenga orilla
- pegamento transparente
- 3 metros de cordón

ESCOCESA

Material:

- 1 caja con tapa
- papel para hacer el patrón (puede ser periódico, cartoncillo, etcétera)
- 25 cm de tela con estampado escocés
- pegamento transparente
- 2 m de pasamanería blanca
- 20 cm de tela negra
- 1 m de punta de encaje
- 2 m de listón estampado
- 1 m de tira de perlas
- 1 m de cordón de color
- 1 flor artificial con follaje

1 Mida el largo y el ancho del costado de la caja y dibuje un rectángulo en el papel con esa medida, más un centímetro. Corte el patrón en la tela.

1 Mida y dibuje en el papel los patrones para los costados de la caja y la tapa. Agregue a todos un centímetro en las orillas y corte.

2 Con esos patrones corte en la tela las diferentes piezas. Utilice una parte de la tela para la caja, y la orilla con estampado diferente para la tapa.

3 Con el pegamento forre la caja y la tapa. Pegue cordón en las orillas: la inferior de la caja, la que rodea la tapa y la inferior del costado de la tapa.

4 Adorne con un moño hecho con el mismo cordón.

2 Ponga una tira de pegamento en las orillas inferior y superior del costado de la caja y fórrelo con la tela, dejando el centímetro extra en la parte superior.

3 Estire para que quede sin arrugas. Doble hacia el interior el sobrante de tela y péguelo.

4 Pegue dos tiras de pasamanería blanca en la orilla inferior.

5 Use la tapa para dibujar su forma en el papel y sacar el patrón. Con él, recorte la tela negra. Péguela. Forre los

costados de la tapa con la tira de encaje, una tira de listón en la parte superior, abajo de ella la tira de perlas y arriba, el cordón.

6 Forme un moño con el listón sobrante, otro con la pasamanería y péguelos al centro de la caja junto con la flor.

Juegos de baño

JUEGO EN TELA FLOREADA

Material:

- *4 m de tela floreada de algodón*
- *dacrón*
- *2 m de resorte de 1 cm, de algodón*
- *2 m de bies verde satinado*
- *4 m de bies rosa satinado*
- *1 bote de basura*
- *pegamento transparente*
- *1 toalla de baño grande color rosa*
- *1 toalla de medio baño color verde*
- *1 toalla de manos color rosa*
- *1 cortina para baño, de plástico, blanca*
- *bajo alfombra*
- *tela de toalla color rosa*

TAPAS DEL TANQUE DE AGUA Y DEL INODORO

1 Saque los patrones, añada 8 cm alrededor y córtelos en la tela de algodón. Cósales resorte en las orillas para que se ajusten.

2 Corte dos tiras de la tela de algodón de 10 x 80 cm para la tapa del tanque de agua y dos más de 14 x 80 cm para la tapa del inodoro, hágales zig-zag en las orillas con un color de hilo contrastante. Cosa las tiras a los lados de las tapas y hágales un moño, fíjelo a la pieza.

BOTE DE BASURA

1 Saque el patrón del bote de basura y córtelo en la tela de algodón y el dacrón.

2 Cosa bies verde a las orillas para que quede unida la tela con el dacrón.

3 Cosa una tira de velcro en las orillas, horizontalmente, para que al cerrar, el forro se ajuste mejor al bote de basura.

TOALLAS DE BAÑO

1 Para la toalla grande corte una tira de tela floreada de 1.25 x .13 m; para la toalla de medio baño, de 1.00 x .13 m; para la toalla de manos, de 66 x 9 cm.

2 Haga zig-zag en las orillas y pliegue las telas, únalas a cada toalla con tiras de bies de color contrastante.

CORTINA

1 Mida la cortina de plástico y corte las mismas medidas

sobre la tela de algodón. Si tiene tina, corte el largo de la tela de algodón al ras de ella.

2 Corte dos tiras de 1.40 x 18 m, hágales zig-zag en todas las orillas y cósalas de cada lado de la cortina, en la parte superior. Haga un moño de la misma tela y cósalo al centro.

TAPETE

1 Corte un rectángulo de 65 x 75 cm, con las puntas redondeadas, de tela de toalla color rosa. Corte otro rectángulo de bajo alfombra de 60 x 70 cm.

2 Cósalos juntos para unirlos, doblando el sobrante de tela de toalla sobre el bajo alfombra.

3 Corte dos tiras de 30 cm, hágales zig-zag, forme con ellas un moño y cósalo al tapete.

PORTARROLLOS

1 Corte dos tiras de 18 x 38 cm, una de tela de toalla rosa y otra de tela de algodón. Colóquelas juntas, con las telas enfrentadas. Redondee los ángulos de uno de los extremos angostos. Cosa por la orilla. Deje una abertura para voltear. Voltee y cierre la abertura.

2 Mida 13 cm de la punta redondeada hacia abajo, por el lado de tela lisa y marue, con tiza o alfiler. Doble la tira hasta ese punto, de abajo hacia arriba.

3 Cosa 11 cm de las orillas con bies a cada lado. Pase una costura horizontal donde termina el bies. Queda una bolsa en la parte superior, para poner un rollo y la parte inferior abierta a los costados, para colocar otro.

4 Corte una tira de tela de algodón rosa de 12 x 4 cm. Doble a la mitad a lo ancho y cosa, para formar un tubo. Voltee. Doble y cosa juntas las dos orillas atrás de la punta de la tira, para formar una lazada de donde colgarla.

JUEGO TRENZADO

Material:

- 1 m de gobelino de algodón a cuadros
- 1 m de tergal color vino
- 2 m de resorte de 1 cm de ancho
- 2 m de bies satinado color azul marino
- relleno sintético
- 1 bote de basura
- 1 toalla tamaño medio baño
- 1 toalla para manos
- 50 cm de velcro
- 50 cm de bajo alfombra

TAPAS DEL TANQUE DE AGUA Y DEL INODORO

1 Tome las medidas de ambas y dibuje los patrones, a la del tanque de agua

auméntele 5 cm alrededor y a la tapa del inodoro 8 cm, para las costuras.

2 Corte los patrones en tergal y relleno sintético. Cósales resorte con zig-zag en las orillas para que se ajusten al colocarlas.

3 Para la tapa del tanque de agua, corte dos tiras de 10 x 1.30 m, una de gobelino y otra de tergal. Doble cada una, derecho con derecho. Cósalas para formar un tubo, dejando una de las orillas angostas abiertas, voltéelas, rellénelas y cierre.

4 Trence las tiras y cósalas en la orilla de la tapa.

5 Para la tapa del inodoro haga tres tiras de las mismas medidas, dos de gobelino y una de tergal. Siga el mismo procedimiento que con las anteriores.

TAPETE

1 Corte un rectángulo de 65 x 50 cm de gobelino y bajo alfombra, cósalos juntos por el lado derecho del gobelino.

2 Haga una tira de .9 x 4.60 m de tergal y cósala a la orilla del tapete por el revés, formando tablones de 3 cm cada 6 cm.

TOALLA DE MANOS

1 Corte una tira de 8 x 54 cm de gobelino.

2 Haga zig-zag en la orilla de uno de los lados de 54 cm.

Hilvane dobleces de 3 cm cada 6 cm y plánchelos.

3 Una la tira a la toalla con el bies satinado, deje un centímetro de cada lado, dóblelo hacia adentro y cosa a la toalla.

TOALLA DE MEDIO BAÑO

1 Corte una tira de gobelino de .9 x 1.04 m y siga el mismo procedimiento de la toalla de manos.

BOTE DE BASURA

1 Saque el patrón del bote de basura y córtelo en tergal y dacrón. Haga dos tiras de .10 x 1.30 m, una de gobelino y otra de tergal, cosa cada una por un lado a lo largo, derecho con derecho, para que quede un tubo, voltéelo y relléne-lo con delcrón.

2 Trence las tiras que rellenó y cósalas alrededor de la orilla superior del bote.

3 Cosa una tira de velcro en las orillas del tergal, horizontalmente, para ajustar el forro al bote.

Costurero

Material:

- *50 cm de tela amarilla a rayas*
- *1 cartón de cerveza*
- *pegamento blanco*
- *1 brocha de una pulgada*
- *1 hoja de papel*
- *retazo de fieltro amarillo*
- *retazo de fieltro negro*
- *retazo de fieltro blanco*
- *retazo de tela blanca estampada con puntos verdes*
- *pintura textil blanca*
- *1 botón de plástico amarillo, de 2 cm de diámetro*
- *1 plumón punto fino negro*
- *2 frascos de vidrio*
- *delcrón para rellenar*
- *1 cajita de plástico*
- *1 botón de plástico amarillo, de 1 cm de diámetro*

1 Corte en la tela un rectángulo de 30 x 65 cm.

2 Rebaje con un poco de agua el pegamento blanco. Aplíquelo con la brocha sobre todo el frente de la caja. Rodéela con la tela, dejando un sobrante de 4 cm en la parte inferior y el resto en la superior. Al unirse las dos orillas, pegue una sobre la otra.

3 Corte los sobrantes de la parte inferior en línea recta en las esquinas. Aplique pegamento en la base de la caja, doble los sobrantes y péguelos.

4 Corte los sobrantes de arriba en el pico de los triángulos de los lados y dóblelos hacia adentro de la caja y péguelos, de la manera en que se indicó.

5 En una hoja de papel bond o albanene, saque el patrón del asa de la caja, con todo y el orificio del centro.

6 Corte otro rectángulo de tela de 40 x 18 cm. Dóblelo a la mitad a lo largo. Coloque el patrón sobre el doblez y dibuje el orificio. Córtelo. Cubra de pegamento rebajado el asa, coloque sobre ella el rectángulo de tela, de modo que coincida el orificio. Estire la tela para que se pegue bien y quede forrado el interior.

7 Doble el fieltro a la mitad, coloque el patrón del asa sobre el doblez y corte la pieza, incluyendo el oficio. Aplique pegamento sobre la tela del asa y coloque la pieza de fieltro, haciendo coincidir la abertura con la del asa.

8 Corte en el fieltro amarillo el patrón del girasol; en fieltro negro el del círculo del centro y en fieltro blanco, el de las alas de la abeja. En tela verde estampada corte el patrón de la hoja.

9 En un costado de la caja pegue la hoja, sobre ella el girasol, al centro el círculo negro. Con pintura blanca dibuje puntos en el círculo negro.

10 En el costado opuesto pegue las alas y el botón como cuerpo de la abeja. Dibuje las antenas y unas líneas como trayectoria, de la hoja al botón, con plumón negro.

11 Corte un círculo de fieltro negro 4 cm más grande que la tapa del frasco que va a utilizar. Cosa un hilván en la orilla, coloque delcrón en el centro y tire del hilván para cerrarlo un poco y darle forma esférica. Corte en el fieltro amarillo otra pieza de pétalos del girasol y péguela sobre la tapa del frasco y sobre ella, la esfera de fieltro negro, para formar un alfiletero. Cubra el borde de la tapa del frasco con una tira de fieltro amarillo.

12 Puede adornar otros frascos, que sirvan para botones, carretes de hilo, alfileres, etcétera, cubriendo su tapa con fieltro amarillo.

13 Usando la caja de plástico como patrón, corte en la tela una pieza de la tapa. Aplique pegamento rebajado a la tapa y coloque encima la tela. Corte en el fieltro blanco el patrón de las alas y recorte 1/2 cm de la orilla, para que queden más pequeñas. Pegue sobre la tela, encima pegue el botón pequeño y dibuje antenas y las líneas como las de la caja. Será una útil pieza para guardar agujas y alfileres.

PATRONES

Círculo negro

ala de abeja

Hoja

Girasol

Fundas para vajilla

FUNDA PARA CUBIERTOS

Material:

- *2 rectángulos de 31 x 34 cm de tela acolchada*
- *2 rectángulos de 31 x 40 cm de tela acolchada*
- *1 rectángulo de 31 x 46 cm de tela acolchada*
- *10 m de bies delgado*

---

1 Redondee un poco las puntas de todos los rectángulos.

2 Cosa el bies en uno de los extremos angostos de cada rectángulo de tela acolchada, primero por el revés y después por el derecho.

3 En los rectángulos de 31 x 34 cm doble 10 cm del lado más largo hacia el revés de la tela; en los rectángulos de 31 x 40 y 31 x 46 cm, doble igual 12 cm de los lados más largos. El bies queda horizontal.

4 Cosa bies, de la misma manera en que lo hizo anteriormente, en los laterales.

5 Corte 60 cm del bies, dóblelo a la mitad a lo ancho y cósalo para que quede como listón. Dóblelo a la mitad y cósalo del lado izquiero, a la misma altura del bies que ya está cosido por el derecho de la tela, en cada rectángulo.

6 Haga una línea vertical de costura cada cinco centímetros sobre el doblez, para meter ahí los cubiertos.

7 Caben seis cubiertos en cada funda. Las dos grandes sirven para los cuchillos y las cucharas soperas. Las dos medianas para los tenedores grandes y medianos, y la pequeña para las cucharitas.

8 Una vez metidos los cubiertos en la funda, dóblela y átela con las cintas. Quedarán así protegidos contra polvo y rozaduras y ocuparán menos espacio al guardarlos.

9 Si desea, puede aprovechar la misma idea para hacer las fundas de los cubiertos grandes de servicio, o sea las cucharas y palas para servir.

y cubiertos

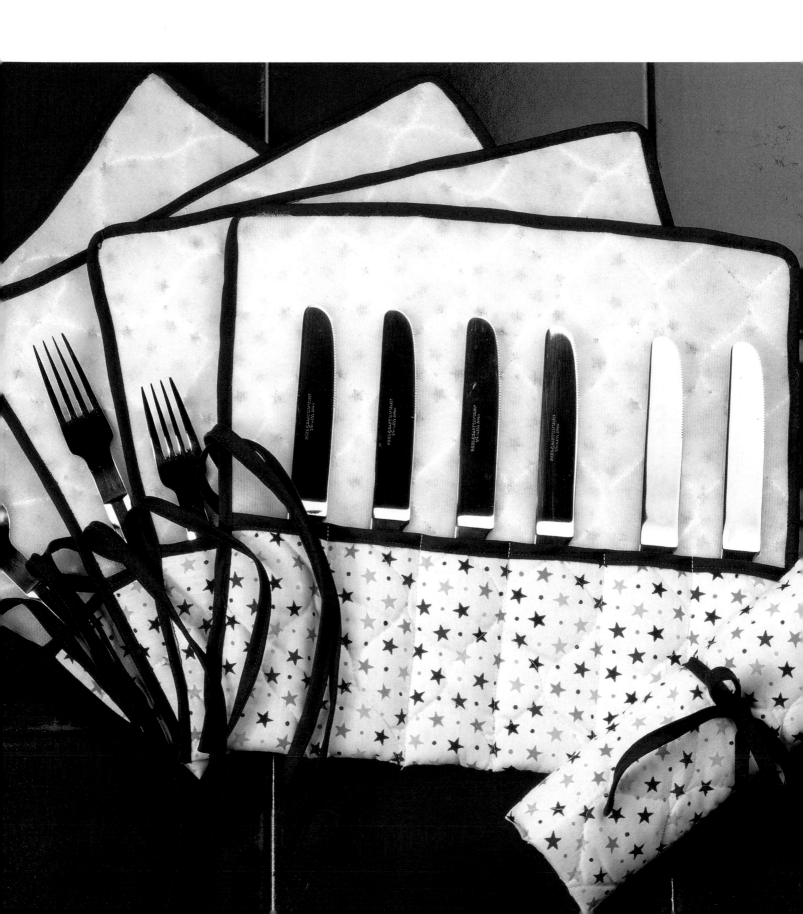

FUNDAS PARA PLATOS

Material:

- *1 m de tela acolchada estampada*
- *6 m de bies delgado de un color que contraste con la tela*
- *2 cierres de 40 cm de largo*
- *2 cierres de 35 cm de largo*
- *1 cierre de 65 cm de largo*
- *1 cierre de 45 cm de largo*

1 Con los patrones, corte en la tela acolchada las piezas de los diferentes tamaños de fundas para los platos. En cada una se pueden guardar seis platos.

2 Una los extremos derecho e izquierdo, como lo indican los patrones. Cosa C a la base de B. Una el bies en la orilla de A y B, por el revés, con las pestañas del bies hacia adentro.

3 Las fundas para plato grande y mediano llevan dos cierres colocados en tal forma que se puedan abrir del centro hacia los lados, usando los de 40 y 35 cm, respectivamente.

4 Una los cierres a las piezas A y B donde se indica en los patrones, hilvanando primero de los dos extremos hacia el centro. Procure que al coserlos queden un poco flojos, nunca los deje justos.

5 Las fundas para platos pequeños sólo llevan un cierre, colóquelo del lado que prefiera que abran y siga los mismos pasos de las fundas para platos grande y mediano.

6 Cosa el cierre a máquina y doble el bies, por el derecho de la tela, con la pestaña hacia adentro.

PATRONES PARA LA FUNDA DEL PLATO CHICO

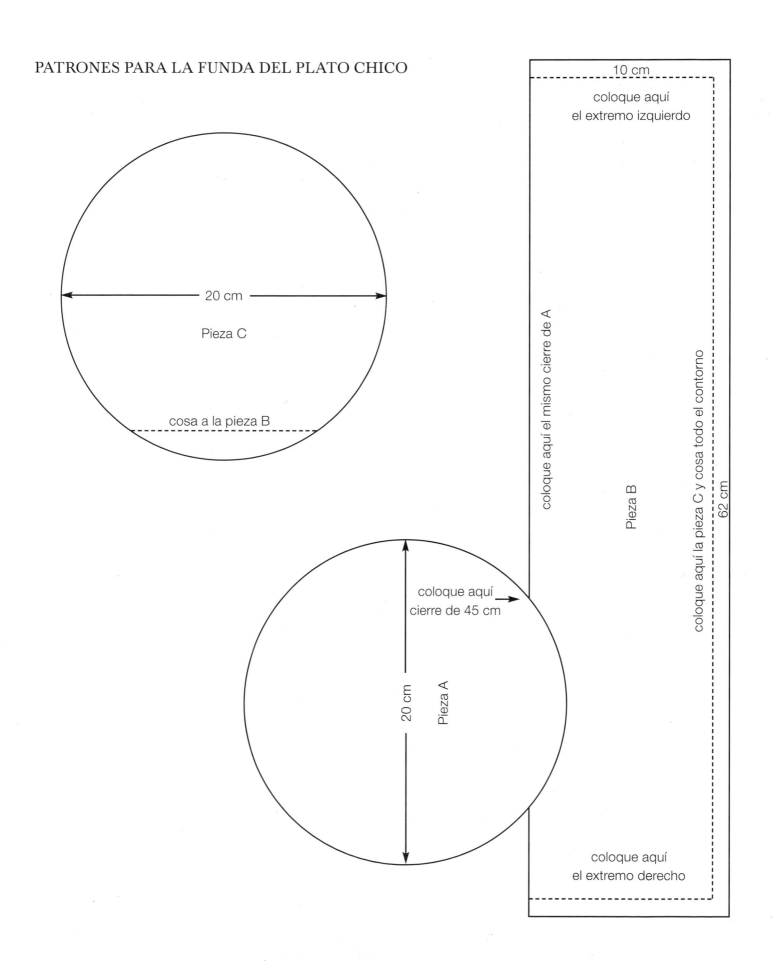

20 cm

Pieza C

cosa a la pieza B

10 cm

coloque aquí
el extremo izquierdo

coloque aquí el mismo cierre de A

Pieza B

coloque aquí la pieza C y cosa todo el contorno

62 cm

coloque aquí
cierre de 45 cm

20 cm

Pieza A

coloque aquí
el extremo derecho

PATRONES PARA LA FUNDA DEL PLATO HONDO

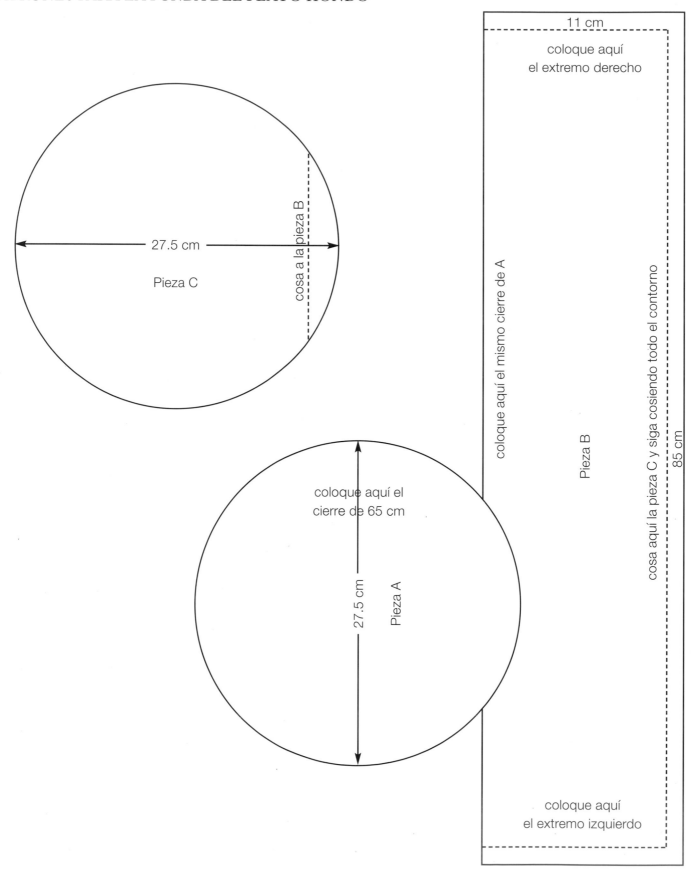

27.5 cm

Pieza C

cosa a la pieza B

11 cm

coloque aquí
el extremo derecho

coloque aquí el mismo cierre de A

Pieza B

cosa aquí la pieza C y siga cosiendo todo el contorno

85 cm

coloque aquí el
cierre de 65 cm

27.5 cm

Pieza A

coloque aquí
el extremo izquierdo

PATRONES PARA LA FUNDA DEL PLATO MEDIANO

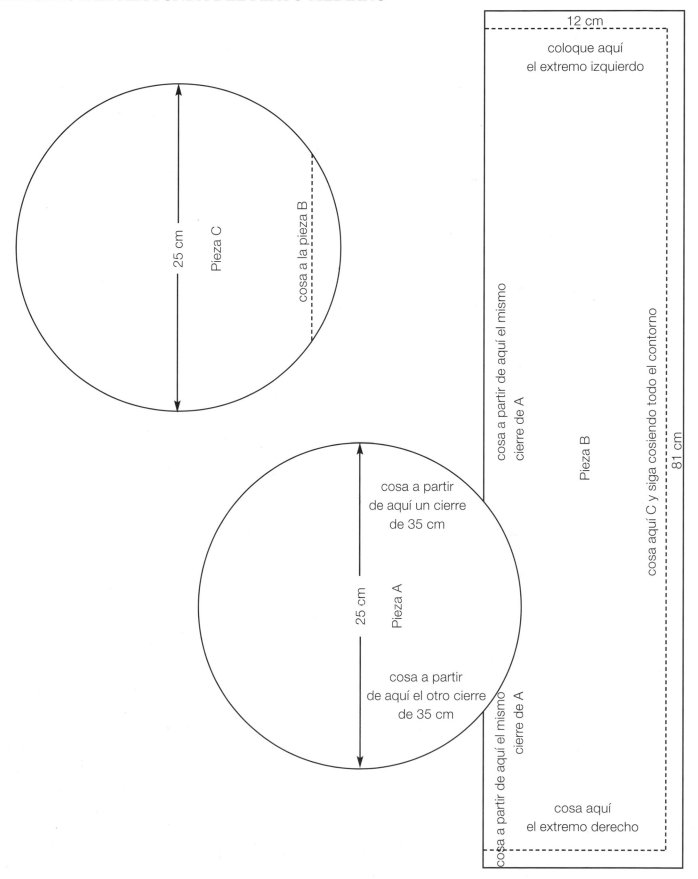

12 cm

coloque aquí
el extremo izquierdo

25 cm

Pieza C

cosa a la pieza B

cosa a partir de aquí el mismo
cierre de A

Pieza B

cosa aquí C y siga cosiendo todo el contorno

81 cm

cosa a partir
de aquí un cierre
de 35 cm

25 cm

Pieza A

cosa a partir
de aquí el otro cierre
de 35 cm

cosa a partir de aquí el mismo
cierre de A

cosa aquí
el extremo derecho

PATRONES PARA LA FUNDA DEL PLATO GRANDE

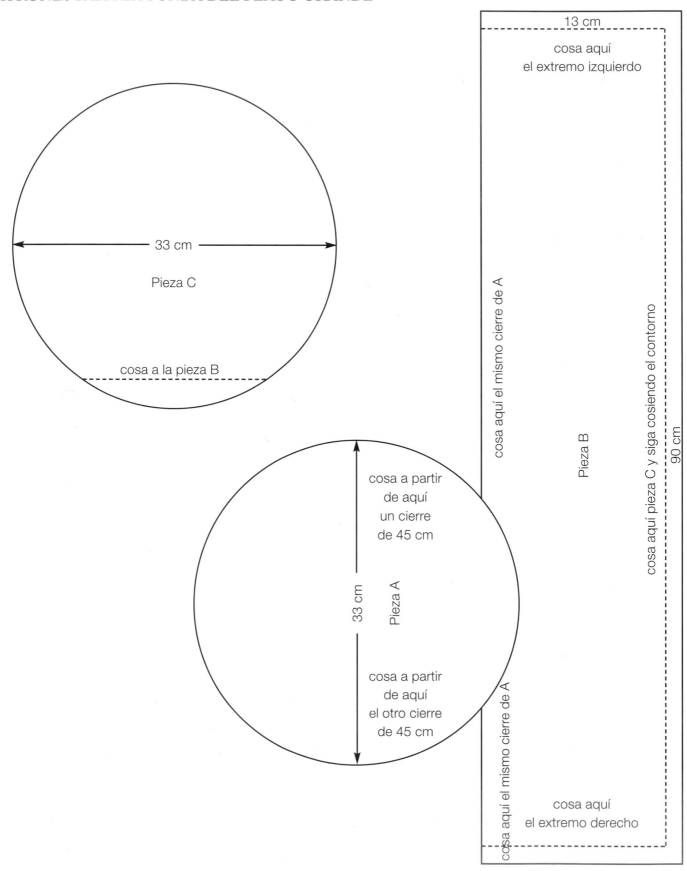

33 cm

Pieza C

cosa a la pieza B

13 cm

cosa aquí
el extremo izquierdo

cosa aquí el mismo cierre de A

cosa a partir
de aquí
un cierre
de 45 cm

33 cm

Pieza A

Pieza B

cosa aquí pieza C y siga cosiendo el contorno

90 cm

cosa a partir
de aquí
el otro cierre
de 45 cm

cosa aquí el mismo cierre de A

cosa aquí
el extremo derecho

Regaderas

REGADERA COUNTRY

Material:

- 1 regadera de metal
- retazos de telas de algodón con diferentes estampados
- pegamento blanco
- 4 m de cordón de henequén
- material deshidratado

REGADERA PINTADA

Material:

- 1 regadera de metal
- pintura vinílica blanca
- brocha
- pinturas de agua en colores amarillo, lila, verde y azul
- esponja
- pinceles delgados

1 Aplique a la regadera una mano de blanco con la brocha. Deje secar.

2 Con la pintura amarilla, aplicada con esponja, cubra toda la superficie de la regadera.

3 Con las pinturas de agua y pinceles delgados dibuje puntos de los diferentes colores, formando follaje y flores.

4 Con el color lila pinte la parte superior de las asas y el pico.

1 Forre la regadera con la pedacería de tela, como si armara un rompecabezas. Para hacerlo, cubra la regadera por áreas con una capa de pegamento y coloque encima los retazos de las diferentes telas.

2 Cubra el asa con pegamento y enrede el henequén para forrarla. Repita la operación en el pico. Introduzca el material deshidratado en la regadera.

3 Con el henequén forme un moño sobre el asa.

Toallas para todos

1 Para los medios baños, forme juegos comple-tos de dos toallas de manos y una pulman; para los baños completos, de varios tamaños, del más grande al más pequeño.

2 Puede utilizar listones, tiras bordadas, encaje de bolillo, pasalistón y tiras de la misma tela con que haya hecho el juego de cubiertas y el tapete.

3 Juegue con los colores. Actualmente se utilizan tonos fuertes y en contrastes audaces, pero también puede hacerlos tradicionales, eso definirá su estilo que debe estar de acuerdo con el decorado general del baño donde se coloquen.

4 Puede utilizar toallas ya hechas o comprar la tela de felpa y cortarlas al tamaño

los gustos

que desee. Dobladíllelas y decore a su gusto.

5 Siempre utilice materiales lavables y de colores firmes, recuerde que son prendas que se mojan y lavan con frecuencia.

Para la toalla de color se utilizan cintas blancas y punta de encaje cosida en el centro de la orilla.

La punta ancha de tira bordada con pasalistón hace muy elegante cualquier toalla de color liso

Encaje de bolillo y pasalistón al tono de la toalla le dan un aspecto mucho más lindo. El toque de color lo pone el listón anudado en moño del frente

Ganchos para él y para ella

Material:

- 2 ganchos para saco de traje
- relleno sintético
- 30 centímetros de lana escocesa
- 30 centímetros de tela de algodón estampada
- 30 centímetros de tela blanca de algodón
- 1 corbata de moño
- 1 cuello de tira bordada
- 1 florecita de tela
- 1 moño de listón

1 Forre los dos ganchos con relleno sintético, fíjelo amarrándolo con hilo todo alrededor.

GANCHO PARA ÉL

1 Corte un cuadrado de 20 por 20 centímetros en la lana escocesa y forre la parte de arriba que rodea el gancho, fíjelo cosiéndolo con puntadas pequeñas.

2 Con un cuadrado de tela blanca de 30 centímetros por lado forme la camisa haciendo una alforza en la parte de enfrente al centro, también cósalo para fijarlo.

3 Cosa al frente y atrás dos rectángulos de lana de 30 por 60 centímetros, cruzándolos para simular un saco.

4 Corte dos tiras de 20 por 12 centímetros en la tela blanca, dóblelas al centro a lo largo y cósalas como se indica en el dibujo 1, por el revés de la tela. Voltee, cierre la abertura y planche. Fije una pieza a cada lado de la camisa para formar el cuello como indica el dibujo 2.

5 Adorne con una corbata de moño.

GANCHO PARA ELLA

1 Corte un cuadrado de 20 por 20 centímetros en la tela blanca y forre la parte de arriba que rodea el gancho, fíjelo con puntadas pequeñas.

2 Cosa al frente y atrás dos rectángulos de tela estampada de 30 por 60 centímetros, cruzándolos para formar el cuello en V. Cósale al cuello de tela el de tira boradada.

3 Adorne con la florecita y el moño de listón al centro.

Lindos detalles para su recámara

Material:

- accesorios de madera a su gusto, como cesto de basura, caja para pañuelos desechables, cajita, perchero, repisa, portarretratos, etcétera
- pinturas acrílicas en colores blanco, fucsia y azul
- brocha
- esponja
- fomi verde claro, verde oscuro, rojo, amarillo, azul y rosa
- pegamento transparente
- botones (1 para cada flor)
- listón de 0.5 cm de ancho, liso o estampado

1 Pinte las piezas, por dentro y por fuera, de color blanco. En el caso de la cajita, utilice color fucsia para los costados de abajo, en lugar de blanco. Deje secar por completo.

2 Moje la esponja con pintura azul y motee su pieza, ya sea totalmente o en pequeñas partes, a su gusto.

3 Corte con los patrones las flores de fomi que requiera, en diferentes colores, y para cada una, el tallo verde oscuro y las hojas verde claro.

4 Mida el largo de las partes de su pieza que adornará con flores y corte una tira de esa medida y 3 cm de ancho de fomi verde oscuro. Hágale picos para que semeje el pasto.

5 Pegue a su pieza la tira de pasto y las piezas de cada flor.

6 Al centro de cada una de las flores de pétalos redondos pegue un botón.

7 Forme pequeños moños con el listón y péguelos entre cada flor y su tallo.

PATRONES PARA LA APLICACIÓN EN FOMI DE LAS FLORES Y LOS TULIPANES

Los tulipanes y las flores siempre van de diferentes colores (amarillo, rosa, rojo, azul)
- Los tallos verde oscuro
- Las hojas verde claro
- Las flores con un botón en el centro

Canasta para recetas y especieros

Material:

- *1 caja de zapatos*
- *tela de algodón estampada*
- *pegamento blanco*
- *1 gancho de alambre para ropa*
- *estambre rojo, o de un color que contraste o armonice con la tela*
- *1.50 m de lazo*
- *cartulina*

1 Mida todo el contorno de la caja y la altura de los costados.

2 En la tela corte una pieza con esas medidas y otra con un aumento de 5 cm por lado.

3 Usando la caja como patrón, dibuje el contorno de su base sobre la tela y córtela.

4 Aplique pegamento al fondo de la caja y coloque en ella la pieza de tela. Extienda bien. Con la pieza que no tiene aumento forre igual los costados del interior. Con la pieza que tiene aumento forre el exterior, pegue el sobrante de abajo doblándolo hacia la base de la caja y el de arriba, doblándolo firmemente hacia el interior.

5 De la tapa de la caja corte un rectángulo que mida el ancho de la caja por la altura de los costados. Fórrelo con tela. Péguelo al centro de la caja, para formar dos divisiones.

6 Corte 45 cm de alambre del gancho para formar el asa y fórrelo de estambre, enrede encima el lazo y al final amárrelo con el estambre.

7 Corte dos tiras de 16 x 8 cm de tela. Dóblelas a la mitad a lo ancho y cósalas por el revés. Voltee las tiras, que quedaron de 16 x 3.5 cm, una los dos extremos cortos, para que quede de 8 x 3.5 cm. Con una tira de 1 cm de ancho de vueltas de estambre amarre el centro, para formar un moño. Con aguja de canevá y estambre cosa el asa a la caja. Pegue un moño en cada costura para cubrirla.

8 En la cartulina recorte rectángulos de 14 x 9 cm, con una pestaña de 5 x 1 cm en uno de los lados largos. Servirán para guardar sus recetas ordenadas. En las pestañas escriba: sopas, pastas, carnes, ensaladas, postres, etc. Colóquelas dentro de una de las divisiones y en la otra ponga botes y sobres de especias.

Florero con bote de cartón

Material:

- *2 cartones de huevo*
- *pinturas acrílicas en colores morado, palo de rosa, naranja y blanco*
- *alambre grueso*
- *pegamento transparente*
- *13 botones amarillos, de plástico, circulares, de 2 cm de diámetro*
- *floratape verde*
- *1 bote de papas, vacío y limpio*
- *foam*
- *espigas en tono natural*
- *hojas de seda verdes*
- *5 m de mecate delgado rojo*
- *5 m de mecate delgado azul*

1 Corte los cartones de huevo como indica el diagrama, para formar las flores. Corte pedazos de alambre de diferentes tamaños. Ensarte las flores en ellos.

2 Píntelas de diferentes colores con dos manos de pintura. Deje secar.

3 Ensarte y pegue un botón en el alambre, al centro de cada flor. Forre el alambre con floratape.

4 Aplique al bote dos manos de pintura blanca y dos de pintura naranja, dejando secar entre una y otra. Deje secar bien.

5 Decore con puntos morados en grupos triangulares. Pegue varias vueltas de mecate a la base. Haga un moño con los dos mecates y péguelo.

6 Pegue el foam en el interior del bote y ensarte en él las flores, las hojas y las espigas, alternándolas.

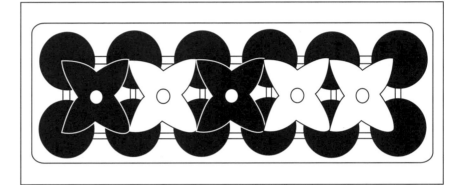

Ángel sobre botella

Material:

- 1 botella desechable de refresco, de 2 litros
- 1 huevo de unisel de 8 cm de largo
- 1 calcetín color crema
- plumón negro permanente
- pegamento transparente
- pelo sintético
- 30 cm de listón rojo delgado
- un poco de relleno sintético (para manos y mangas)
- 25 cm de tela para el vestido con motivos para la cocina
- 20 cm de tela para el delantal
- hilo café para bordar
- 4 botones
- 60 cm de encaje plisado beige
- 15 cm de fieltro blanco
- 1 canasta pequeña con adornos para la cocina

1 Lave bien y deje secar perfectamente la botella.

2 Haga una marca del diámetro de la tapa en la parte más ancha del huevo de unisel y con navaja *cutter* haga un orificio en el que quepa la tapa.

3 Meta la parte más ancha del huevo de unisel dentro del pie del calcetín, póngale pegamento a la tapa y métala en el orificio que hizo, estire muy bien el calcetín hacia arriba, amárrelo y corte el sobrante.

4 Con el plumón dibuje los ojos y la boca.

5 Corte varias tiras de pelo, del largo que prefiera. Amárrelas por el centro y péguelas a la cabeza. Péinelo en coletas y amárrelas con 15 cm de listón, átelo en moño.

6 Para las manos, corte en el calcetín sobrante dos rectángulos de 3 x 10 cm. Dóblelos por la mitad a lo ancho y cosa los lados dejando el centro abierto. Voltee y rellene. Cierre un lado.

7 Para el delantal, corte un rectángulo de 18 x 21 cm y otro de 7 x 10 cm. En la pieza más grande pliegue la orilla de arriba hasta que quede de la medida del rectángulo pequeño. Cosa juntas las dos piezas y dobladille todo el contorno. Añada encaje en la orilla de abajo. Cosa un botón en las esquinas de arriba.

8 Para la batita del vestido, corte dos rectángulos de 10 x 21.5 cm.

9 Para las mangas, corte dos rectángulos de 10 x 15 cm. Doble cada manga por la mitad a lo largo y cosa por el revés de la orilla más larga. Voltéela, pegue las manos en una orilla, por la parte que quedó sin cerrar, y tape con el encaje la unión. Rellene muy poco las mangas.

10 Una derecho con derecho las piezas de la batita y cósalas juntas, con las mangas en el centro. Voltee al derecho.

11 Para la falda, corte un rectángulo de 24 x 58 cm. Cosa por el revés las orillas más cortas juntas. Voltee al derecho la falda y haga un dobladillo de 1.5 cm en la orilla de abajo. En la orilla de arriba cosa un hilván, jálelo hasta que la falda tenga la misma medida que la batita y cosa por el revés ambas piezas juntas.

12 Pegue en el cuello de la botella el cuello del vestido, formando pliegues, y cubra la unión con 13 cm de encaje.

13 Cosa o pegue el delantal al vestido.

14 Corte dos "pares" de alas, cósalas juntas con puntada de hilván y en las orillas de arriba ponga los botones.

15 Pegue las alas al vestido y coloque la cabeza. Doble un brazo y pegue en el centro la canasta.

NOTA: para darle estabilidad a la botella, puede ponerle arena o sal en el fondo.

Botes con papel tapiz

1 Puede utilizar cajas de diferentes alturas, o de la misma altura y lograr que parezcan unas más altas que otras si les pega en la base una tira en cada lado de 2, 4 y 6 cm de altura. También puede hacer su conjunto con todas al mismo nivel.

2 Usando las mismas cajas como patrón, corte una pieza de cada costado en el papel ilustración y péguelos con el pegamento transparente, hasta forrar toda la caja, para que tenga esquinas rectas, ya que por lo general, este tipo de cajas tiene las esquinas curvas.

3 Junte las cuatro cajas; extienda el papel tapiz estampado sobre ellas y corte completa la tira para todas las cajas.

4 Cubra de pegamento blanco la primera caja, coloque encima el papel, extienda bien y corte con precisión el sobrante. Repita la operación con el resto de las cajas.

5 Forre con el papel imitación madera los tres lados restantes de cada una de las cajas.

6 Corte una pieza de papel ilustración al tamaño de la parte superior de la caja. Fórrela con el papel imitación madera y colóquela para cubrir la caja.

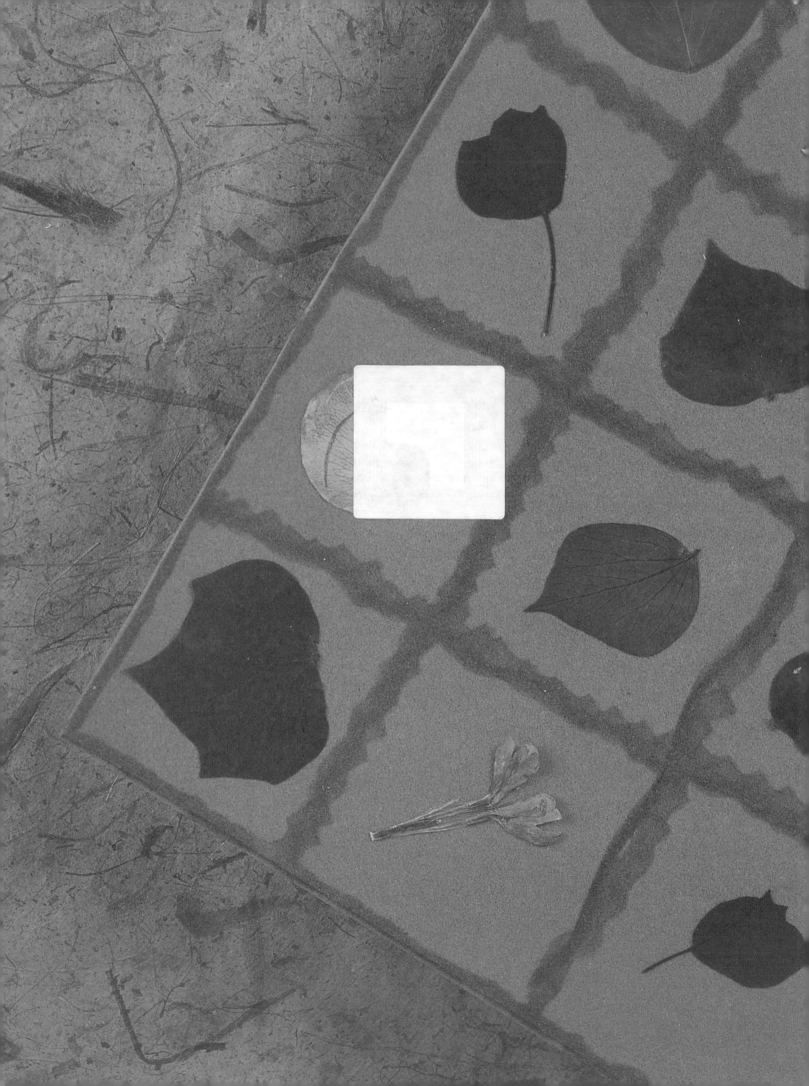